Theo Schwartz
lebt als Autor, Redakteur und Übersetzer in der Nähe von
München. Nach seinem Studium arbeitete er für verschiedene
Kinder- und Jugendbuchverlage und schrieb für Schneiderbuch die Buchserien „Bibi Blocksberg" und „Bibi & Tina".

Theo Schwartz

Die schönsten Ponygeschichten
mit Bibi und Tina

EGMONT

1. Auflage
© 2016 KIDDINX Studios GmbH, Berlin
Redaktion: Jutta Dahn
Lizenz durch KIDDINX Media GmbH,
Lahnstraße 21, 12055 Berlin
Alle Rechte vorbehalten

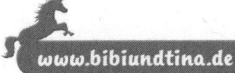

© 2016 für die Buchausgabe by Schneiderbuch
verlegt durch EGMONT Verlagsgesellschaften mbH,
Gertrudenstraße 30–36, 50667 Köln
Alle Rechte vorbehalten
Dieser Band enthält die leicht überarbeiteten Einzelbände:
Papis Pony (Band 11, 2010/1995)
Alle lieben Knuddel (Band 13, 2011/1996)
Der Pferdegeburtstag (Band 17, 2011/1998)
Titelbild: KIDDINX Studios GmbH, Berlin
Titelgestaltung: a1grafik Ariane Benhidjeb, Berlin
Illustrationen: Publispain S. L., Barcelona
Satz: Greiner & Reichel, Köln
Printed in the EU (675292)
ISBN 978-3-505-13850-8

MIX
Papier aus verantwor-
tungsvollen Quellen
FSC
www.fsc.org   FSC® C083411

Die EGMONT Verlagsgesellschaften gehören als Teil der EGMONT-Gruppe zur
EGMONT Foundation – einer gemeinnützigen Stiftung, deren Ziel es ist, die
sozialen, kulturellen und gesundheitlichen Lebensumstände von Kindern und
Jugendlichen zu verbessern. Weitere ausführliche Informationen zur EGMONT
Foundation unter:
www.egmont.com

Inhalt

Bibi Blocksberg:
die kleine Hexe aus Neustadt und
ihre Schimmelstute Sabrina

Tina Martin:
Bibis beste Freundin und
ihr Hengst Amadeus

Susanne Martin:
Tinas Mutter, die Pächterin
des Martinshofs

Holger Martin:
Tinas älterer Bruder

Alexander von Falkenstein:
Tinas Freund und sein Rappe Maharadscha

Graf Falko von Falkenstein:
Alex' strenger Vater

Wie alles anfing ...

Eine knappe Reitstunde von dem Dörfchen Falkenstein entfernt liegt der Martinshof. Frau Martin, die hier mit ihren Kindern Holger und Tina lebt, hat den Hof von dem Grafen Falko von Falkenstein gepachtet. Das Schloss des Grafen liegt zwischen hohen Tannen versteckt, vom Martinshof aus kann man seine Türme sehen.

Der Martinshof ist ein Reiterhof. Hier gibt der schon erwachsene Holger Stadtkindern Reitunterricht und kümmert sich um alle anfallenden Arbeiten. Er ist der „Mann fürs Grobe", während seine Schwester Tina ihrer Mutter vor allem im Haushalt hilft und sich um die Pferde kümmert. Tina ist vierzehn Jahre alt und hat eine gute Freundin: Bibi Blocksberg, die kleine Hexe aus Neustadt.

Das Dorf Falkenstein ist von Neustadt aus mit dem Bummelzug zu erreichen, aber Bibi kommt lieber auf ihrem Hexenbesen Kartoffelbrei angereist. Eine Hexe hat schließlich auch ihren Stolz!

Jeden freien Tag, jede freie Woche verbringt Bibi auf dem Martinshof, und in den Ferien darf sie mit Erlaubnis ihrer Eltern auch schon mal länger bleiben. Barbara Blocksberg, die große Hexe, ist häufig auf irgendwelchen Hexenkongressen zu Gast. Bernhard Blocksberg ist dann „Strohwitwer" und macht es sich mit einem Krimi in seinem Lieblingssessel gemütlich. Bibis Eltern wissen, dass ihre pferdebegeisterte Tochter auf dem Martinshof gut aufgehoben ist. Für Bibi ist der Hof eine zweite Heimat geworden, und jedes Mal vergießt sie beim Abschied bittere Tränen.

„Aber", so tröstet Frau Martin sie immer, „wer nicht geht, kommt nicht wieder. Bis zum nächsten Mal, Bibi!"

Leider vergeht für Bibi die Zeit daheim viel zu langsam, aber auch eine kleine Hexe muss zur Schule gehen, und das Jahr besteht nun mal nicht nur aus Ferien. Doch irgendwann ist es endlich wieder einmal so weit. Hei! Die Schultasche fliegt in die Ecke, Bibi packt eilig zusammen, was sie für den Aufenthalt auf dem Martinshof braucht, verkleinert ihr Gepäck kurzerhand mit einem Hexspruch und steigt dann auf Kartoffelbrei.

„*Eene meene Faschingsschwof, düse ab zum Martinshof! Hex-hex!*", befiehlt sie ihrem Besen, und ab geht die Post!

Ist das eine Freude, wenn die beiden Mädchen sich wiedersehen! Ihr erster Weg führt Bibi in den Pferdestall zur Box ihrer Lieblingsstute Sabrina. Im Nu hat sie Sabrina gesattelt, Tina macht den Hengst Amadeus zum Ausritt bereit, und dann ist ein Wettreiten angesagt. *Ein* Wettreiten? Nein, bei einem belassen es die Mädchen nicht, mindestens dreimal am Tag galoppieren sie über Wiesen und Wege und schmettern dabei ihr Lied.

Sie haben es selbst komponiert und getex-
tet und sind darauf mit Recht sehr stolz:

Hufe klappern, Pferde traben,
springen übern Wassergraben,
über Stock und über Stein,
wer kann das wohl sein?
Das sind Bibi und Tina
auf Amadeus und Sabrina!
Sie reiten im Wind,
sie reiten geschwind,
weil sie Freunde sind!
Weil sie Freunde sind!
Und ist der Graben mal zu breit,
für Bibi ist das keine Schwierigkeit!
Aufgesessen, lang die Zügel,
sattelfest den Fuß im Bügel,
über Felder, über Weiden,
jeder kennt die beiden!

Papis Pony

nach Ulf Tiehm

So eine Überraschung!

Bernhard und Barbara Blocksberg waren allein. Kein Wirbelwind namens Bibi tobte durch
das Haus und verübte mit seinen Hexkünsten
spaßige Streiche in der Nachbarschaft und in
der Schule. Barbara und ihr Mann gönnten
sich ein paar ruhige Tage. Bernhard hatte Urlaub genommen, und Bibis Eltern konnten in
Ruhe faulenzen.

Dazu gehörte spät aufstehen, lange am
Frühstückstisch sitzen und die Zeitung ganz
gemütlich von vorn bis hinten durchlesen. War
die Kaffeekanne dann geleert und der letzte Brötchenkrumen aufgegessen, machten
die beiden ausgedehnte Spaziergänge oder
bummelten durch die Geschäftsstraßen von

Neustadt. Wenn Barbara Blocksberg keine Lust hatte zu kochen, gingen sie anschließend in einem gemütlichen kleinen Lokal Pizza essen.

Heute dauerte das Frühstück besonders lange, denn Bernhard Blocksberg hatte sich ausgiebig mit dem Sportteil der Zeitung beschäftigt. Dann entdeckte er auf der letzten Seite ein Kreuzworträtsel. Das war etwas für ihn, denn er hoffte immer, einen der ausgesetzten Preise zu gewinnen, wenn er das richtige Lösungswort gefunden hatte. Bernhard ging zum Schrank und suchte in der obersten Schublade zwischen allerlei Krimskrams nach einem Kugelschreiber. Dann nahm er wieder Platz.

„Willst du einen Brief an Bibi schreiben?" Barbara Blocksberg blickte von ihrem Teil der Zeitung auf.

„Warum?", fragte ihr Mann erstaunt. „Wir telefonieren doch jeden Tag miteinander. Nee, nee, ich brauche", er fuhr mit dem Kugelschreiber über das Papier, „ein Wort. Ein langes Wort mit M."

„Wie wär's mit ‚Martinshof'?", schlug Barbara vor.

„Nicht doch! Einen Brotaufstrich." Er ließ seinen Blick über den Frühstückstisch wandern und führte Selbstgespräche: „Mettwurst? Nein, der zweite Buchstabe ist ein A … Marmelade? Auch nicht, der vierte Buchstabe muss ein G sein … Ha! Ich hab's! Margarine!"

„Ach, Bernhard!" Barbara lachte. „Lass doch diese ewigen Preisausschreiben. Ich gönne dir ja den Spaß, aber du gewinnst ja doch nichts."

„Liebe Barbara Blocksberg!" Bibis Vater blickte über den Rand seiner Brille. „Sagen Sie das nicht. Wenn ich neulich beim ‚Fitzli-Putzli-Fensterblank-Wettbewerb' das richtige Lösungswort gehabt hätte, dann würden wir beide jetzt vielleicht auf einem Traumschiff in der Karibik kreuzen."

„Wenn … wenn …!" Barbara winkte ab. „Du würdest dich wahrscheinlich den ganzen Tag mit einem Krimi in der Kabine verkriechen und wärst am letzten Tag genauso käsig wie am Beginn der Reise."

„Oh! Oh!", versuchte Bernhard Blocksberg zu protestieren, aber seine Frau schnitt ihm das Wort ab.

„Komm, lass uns lieber überlegen, ob wir deine freien Tage zu einem Kurzbesuch auf dem Martinshof nutzen sollten."

Tja, Martinshof, das wäre natürlich auch nicht schlecht. Bernhard verdrehte verzückt die Augen, als er an die leckere Hausmannskost von Frau Martin dachte. Und er dachte natürlich an sein Töchterchen. Komisch, manchmal sehnte er sich nach Ruhe, aber kaum war seine Tochter einmal nicht da, vermisste er sie bereits. Barbara erging es ebenso.

„Ich glaube, Bibi würde sich riesig freuen", fuhr Barbara Blocksberg in ihren Überlegungen fort, da klingelte es an der Tür. Sie ging öffnen. Draußen stand ein junger Mann in Uniform.

„Einen wunderschönen guten Tag!", schmetterte er Bibis Mutter entgegen. „Ich bin doch hier richtig bei Blocksbergs? Ach ja, da steht es ja auf dem Schild. Ha, ha, ha! Ist denn der

24

werte Hausherr zugegen? Ich komme im Auf-
trag der Firma ‚Meier-Müsli'. Es geht um das
Preisausschreiben, bei dem der Herr des Hauses mitgemacht hat."

„Preisausschreiben? Ach, wissen Sie, mein
Mann macht bei so vielen Preisausschrei-
ben mit, da weiß man gar nicht ... Aber kom-
men Sie doch bitte rein. Immer geradeaus ins
Wohnzimmer. Bernhard!", rief Barbara in das
Zimmer hinein. „Für dich!"

„Ich kaufe nichts!", kam es zurück, dann aber
bequemte sich Bibis Vater doch aufzustehen.
Er starrte den unbekannten Besucher neugierig an. „Ja, bitte?"

„Eine Glücksbotschaft, lieber Herr Blocksberg!" Der Mann legte seine Hand grüßend an
den Schirm der Mütze. „Sie haben gewonnen.
Nicht irgendeinen kleinen Preis, auch nicht
den dritten oder zweiten. Nein, halten Sie sich
fest: den Hauptpreis!"

„Ich? Den ersten Preis?" Bernhard warf seiner Frau einen verdutzten Blick zu, die sofort vor ihrem geistigen Auge ein stattliches

Traumschiff durch die blauen Fluten der Südsee pflügen sah.

„Jawohl. Ich darf mir erlauben, im Namen der Firma ‚Meier-Müsli' herzlich zu gratulieren."

„Müsli … Müsli …?" Bernhard Blocksberg legte grübelnd die Stirn in Falten, dann hellte sich sein Gesicht auf. „Ach, jetzt erinnere ich mich. Die Preisfrage lautete: ein wichtiger Bestandteil unseres Müslis – eine Getreidesorte mit H. ‚Hafer' war das Lösungswort. Stimmt's?"

„Goldrichtig, mein Herr! Hafer macht nicht nur Menschen groß und stark, sondern …"

„Ja, ja", versuchte Barbara Blocksberg, ihn zu bremsen. „Schon gut, aber wo ist denn nun der Gewinn für meinen Mann? Ist er groß oder klein, müssen wir ihn irgendwo abholen oder was?"

„Der ist draußen im Transporter", kam die Antwort.

„Na, dann immer rein damit in die gute Stube!", rief Bernhard fröhlich.

„Was denn? Hier in die Wohnung?"

„Natürlich, warum denn nicht?", warf Barbara ein. „Bringen Sie den ersten Preis ins Wohnzimmer!"

„Bitte sehr, wie Sie wünschen. Bin gleich zurück." Der Müsli-Mann machte kopfschüttelnd auf dem Absatz kehrt und murmelte dabei verständnislos vor sich hin: „Ins Wohnzimmer ... ns Wohnzimmer ... Na, die werden sich wundern!"

Bernhard Blocksberg nahm seine Frau in den Arm, tanzte mit ihr übermütig im Kreis herum und jubelte: „Ich hab gewonnen! Ich hab gewonnen! Ach, Barbara-Mäuschen, ich freu mich ja so! Komm, wir machen dem Glücksbringer ein Tässchen Kaffee."

„Finger weg! Du bist viel zu aufgeregt. Lass mich das erledigen!" Bibis Mutter warf einen kurzen Blick auf den Küchentisch und sagte dann einen Hexspruch: *„Eene meene Hauptgewinn, Kaffee in der Kanne drin! Hex-hex!"*

Im Nu war der Tisch hübsch gedeckt, und der Duft von frisch gebrühtem Kaffee zog durch das Haus.

27

„So", sagte Bernhard, „jetzt spielen wir Blindekuh. Ich mache die Augen zu, und du führst mich ins Wohnzimmer. Ich will die Überraschung so richtig genießen!"

Barbara blieb nichts anderes übrig, als ihren Mann an der Hand zu nehmen und zu tun, was er verlangte. Im nächsten Augenblick stand auch schon der Müsli-Mann in der Tür. Barbara Blocksberg hielt voller Schreck die Luft an und verdrehte die Augen, als sie sah, was da hereingebracht wurde. Da ertönte ein leises Wiehern.

„Lasst mich raten!", ließ sich Bernhard vernehmen. „Es ist ein Fernseher mit eingebautem Wildwestfilm. Stimmt's?"

„Leider nicht, Bernhard", war die Antwort. „Ich glaube, du machst jetzt lieber die Augen wieder auf, denn von selbst wirst du wohl so schnell nicht daraufkommen."

Als Bernhard Blocksberg die Augen wieder aufschlug, schaute er ebenso entgeistert wie seine Frau: Vor ihm stand ein kleines, pummeliges Pony. Es blickte die beiden Blocksbergs

29

unter seinem Haarschopf aus gutmütigen Augen an und wieherte ein zweites Mal leise.

„Tja, Herr Blocksberg!" Der Müsli-Mann konnte sich ein leichtes Grinsen nicht verkneifen. „Nix mit Fernseher! Dieses Pony ist der Hauptgewinn in unserem Preisausschreiben. Darf ich Ihnen", er griff in die Brusttasche und zog ein zusammengefaltetes Blatt Papier hervor, „im Namen meiner Firma diese Abstammungsurkunde überreichen?"

Während Barbara Blocksberg stammelte: „Ein Pony im Wohnzimmer! A-aber das geht doch nicht! Das geht doch nicht!", atmete Bernhard ein paarmal tief durch und antwortete dann barsch: „Nein! Dürfen Sie nicht! Ich verweigere die Annahme! Geben Sie mir einen Trostpreis, oder geben Sie mir meinetwegen gar nichts!"

„Tut mir leid, Herr Blocksberg", kam die Antwort, „ich bin nur für den Hauptgewinn zuständig, und der steht da vor Ihnen. Ich habe ihn ordnungsgemäß abgegeben und empfehle mich."

Der Müsli-Mann deutete einen lässigen Gruß an und verließ das Haus. Da standen nun die Blocksbergs mit ihrem ersten Preis im Wohnzimmer und blickten einander verzweifelt an. Sie hätten lieber das Pony im Auge behalten sollen, das heimlich ein paar Schritte zum Tisch gemacht hatte und sich an den Äpfeln gütlich tat, die in einer Glasschale lagen. Plötzlich machte es KLIRR! Bernhard und Barbara Blocksberg fuhren hastig herum, und da sahen sie die Bescherung: Die Glasschale lag zerbrochen am Boden, daneben eine ebenfalls in Stücke zersprungene Vase. Die Blumen, die soeben noch in der Vase gesteckt hatten, verputzte das Pony nun nach den Äpfeln als Dessert.

„Du kleines Scheusal!", schimpfte Barbara Blocksberg. „Meine allerschönste Vase, von Tante Amanda persönlich für meinen Geburtstag gehext! Bernhard! Tu doch was! Schließlich ist es ja dein erster Preis! Und jetzt ...", Barbara war fast den Tränen nahe, „lässt es auch noch ein paar Pferdeäpfel auf den Boden fallen. Mitten im Wohnzimmer!"

Eilig verschwand Bernhard in der Besenkammer und kam mit Schaufel und Handfeger wieder. Während er noch dabei war, die Bescherung wegzukehren, begann das Pony, seine Zeitung zu fressen.

„Ha, ha!", meinte Barbara Blocksberg ironisch. „Dein Preisausschreiben mit der Margarine scheint ihm auch nicht schlecht zu schmecken!"

Doch nun wurde es den beiden zu viel: Mit vereinten Kräften schubsten und schoben sie das gefräßige Tier hinaus auf die Terrasse und schlossen die Tür hinter ihm. Völlig geschafft setzten sie sich erst einmal hin und gossen sich eine Tasse von dem inzwischen lauwarm gewordenen Kaffee ein.

„Diesmal hättest du rechtzeitig hexen sollen, Schatz!" Bernhard Blocksberg war noch ganz außer Puste.

„Das kann ich immer noch. Jetzt haben wir es ja ohne Hexerei geschafft und erst einmal Ruhe vor dem Vielfraß."

„Aber wie lange?", gab Bibis Vater zu

bedenken. „Was machen wir bloß mit meinem Hauptgewinn? Sollen wir ihn die Geranien und Löwenmäulchen auffressen lassen?"

„Meine schönen Blumen?", protestierte Barbara Blocksberg. „Kommt überhaupt nicht infrage. Nein, hier kann das Tier nicht bleiben. Aber wohin damit ...?" Plötzlich strahlte sie über das ganze Gesicht. „Natürlich! Ich hab's! Das Pferdchen muss auf den Martinshof, dort ist es am besten aufgehoben."

„Eine sehr gute Idee! Wir wollten doch sowieso Bibi überraschen. Ich rufe gleich eine Spedition mit Pferdetransportern an."

„Halt! Warte!" Barbara Blocksberg hielt ihren Mann am Arm zurück. „Der Hauptgewinn scheint dich ein bisschen verwirrt zu haben, mein Lieber. Bin ich eine Hexe oder nicht? Wenn die Blocksbergs dem Martinshof einen Besuch abstatten, dann fliegen sie dorthin!"

„Mit dem Ungeheuer da?"

„Genau, mit dem Ungeheuer draußen auf der Terrasse!"

Eilig packten die Blocksbergs ihre Sachen,

34

und Barbara ließ das Gepäck auf Minigröße schrumpfen. Dann war das „Ungeheuer" an der Reihe. Treuherzig blickte es Barbara Blocksberg an, als diese zu einem Hexspruch ansetzte: *„Eene meene Schlüsselbein, Pony, du bist meerschweinklein! Hex-hex!"*

„Cch, ist das niedlich!" Bernhard war ganz entzückt. „So was Süßes! Na, komm zu Papi, komm zu Herrchen!" Er nahm das meerschweinkleine Pony hoch und steckte es vorsichtig in seinen Anorak. Dann nahm er hinter seiner Frau auf dem Hexenbesen Baldrian Platz.

„Fertig, Bernhard?"

„Fertig, Barbara!"

Auf Kommando erhob sich Baldrian in die Luft, gewann schnell an Höhe und sauste im Eiltempo in Richtung Martinshof.

Paulchens neue Freunde

Bibi hatte natürlich nicht die geringste Ahnung, was da aus Richtung Neustadt aus der Luft auf sie zukam. Mit ihrer besten Freundin hatte sie nach dem Frühstück Amadeus und Sabrina ein bisschen bewegt und die beiden Pferde dann zum Schmied gebracht, um die Hufe nachsehen zu lassen. Doch auch ohne ihre geliebten Vierbeiner wurde es ihnen nicht langweilig, denn die beiden Ponys Max und Moritz brauchten ebenfalls ein wenig Bewegung.

Also veranstalteten Bibi und Tina mit den Ponys eines ihrer beliebten Wettreiten. Diesmal war die Weide hinter dem Mühlenhof ihr Ziel. Sie sattelten anschließend Max und Moritz ab und ließen sie grasen. Während die Tiere gemächlich über die Weide trotteten und an dem frischen Gras rupften, saßen Bibi und Tina auf einem Felsen und aßen die mitgebrachten Äpfel. Die Kerngehäuse bekamen natürlich die Ponys.

„Beim Heimweg lassen wir sie noch mal tüchtig rennen", schlug Tina vor, „damit sie für das Pony-Reitfest gut in Form sind."

„Sind sie doch sowieso!", gab Bibi lässig zur Antwort. „Sie sehen bloß ein bisschen mollig aus. Aber wenn es darauf ankommt, sind sie flink wie … wie … mein Hexenbesen! Moment mal!"

Bibi stutzte und neigte lauschend den Kopf zur Seite.

„Wenn mich nicht alles täuscht, höre ich den Hexenbesen von meiner Mami!"

„Na, dann freu dich doch", meinte Tina, „dann kommt sie dich besuchen."

„Ich weiß nicht so recht!" Bibi stand auf und suchte den Himmel ab. „Das klingt sehr nach Notlandung. Komm, wir schauen mal da drüben hinter den Bäumen nach, von dort habe ich es gerade plumpsen gehört!"

Es hatte in der Tat hinter den Bäumen gewaltig geplumpst. Barbara Blocksbergs Hexspruch hatte nachgelassen, Papis erster Preis war plötzlich aus dem Anorak herausgekrabbelt und zu seiner richtigen Größe angewachsen. Im letzten Moment konnte Bibis Mutter eine Notlandung hinlegen, bei der alle drei ziemlich unsanft auf dem Boden gelandet waren.

Das Hallo war groß, als Bibi ihre Eltern begrüßte! So eine Überraschung aus heiterem Himmel! Aber das Hallo wurde noch größer, als Bernhard Blocksberg seiner Tochter und deren Freundin in allen Einzelheiten von dem Preisausschreiben erzählte.

„Ein neues Auto wäre mir lieber gewesen!", brummelte er.

„Eine Kreuzfahrt, Bernhard!", warf Barbara dazwischen.

„Ein Auto! Das frisst wenigstens nicht meine Zeitung!"

„Was denn, Papi? Es hat deine geliebte Zeitung angeknabbert?" Bibi kicherte.

„Und die Äpfel, die auf dem Wohnzimmertisch standen mitsamt den Blumen in der Vase auch!", schmollte Barbara Blocksberg.

„Also, wenn ihr mich fragt", sagte Bibi munter, „ich brauche kein neues Auto, und aus einer Kreuzfahrt mache ich mir nichts. Ferien auf dem Martinshof sind mir viiiel lieber!"

„Wie wäre es", schlug Tina vor, „wenn wir das Pony zu Max und Moritz auf die Wiese bringen. Wie heißt es eigentlich?"

„Tja", Bernhard überlegte, „da war eine Urkunde dabei, aber ich habe sie nicht genau angeschaut. Die Firma, bei der ich gewonnen habe, die hieß ‚Meier-Müsli‘."

„Na, dann nennen Sie es doch ‚Meier‘ oder ‚Müsli‘", sagte Tina.

„Oder ‚Äppelklau‘!", rief Bibi.

„Oder ‚Winni‘ als Abkürzung von Hauptgewinn!"

„Nein, Tina", wehrte Bernhard Blocksberg ab, „das klingt so affig und gequält. Ich finde, es soll ‚Paul' heißen. Oder besser noch ‚Paulchen'!"

„‚Paulchen' ist nicht schlecht", stimmte Bibi zu. „Papis Pony Paulchen! Klingt doch gut, oder? Komm, Paulchen, sag mal Max und Moritz Guten Tag!"

Die Blocksbergs und Tina waren inzwischen bei den Ponys angelangt. Paulchen machte ein paar Schritte auf Max und Moritz zu. Die Pferde beschnüffelten sich neugierig und rieben die Köpfe aneinander. Max knabberte ein bisschen an Paulchens Hals herum, was diesem zu gefallen schien. Die drei drehten gemeinsam ein paar Runden und begannen dann friedlich zu grasen. Die beiden Erwachsenen und die Mädchen sahen ihnen schmunzelnd zu.

„Ich bin mal gespannt, was meine Mutter sagt, wenn wir Besuch mitbringen", meinte Tina nach einer Weile. „Wollen wir langsam aufbrechen? Mir knurrt schon der Magen. Ein zweites Frühstück wäre nicht schlecht, und ich wette, dass Mutti bereits Kuchen gebacken hat."

41

„Mmm! Kuchen!" Bernhard Blocksberg verzog genießerisch das Gesicht. Er liebte Frau Martins Kuchen über alles, vor allem auch, weil seine Frau zwar ebenfalls eine gute Köchin war, aber nicht so gut backen konnte. Den Kuchen für den Nachmittagskaffee holte sie lieber schnell aus der Bäckerei, da blieb ihr mehr Zeit, sich in den Hexkünsten fortzubilden.

Papis Pony fühlt sich wohl

Na, das gab natürlich ein zweites großes Hallo, als die beiden Mädchen samt Bibis Eltern und mit Pony Paulchen im Schlepptau bei Frau Martin eintrafen. Die Erwachsenen begrüßten einander herzlich, und Bernhard Blocksberg musste haarklein die Geschichte mit dem Preisausschreiben erzählen. Natürlich vergaß er auch nicht den kleinen Zwischenfall mit den Äpfeln und dem Blumenstrauß.

Eine kleine Stärkung nach den ganzen Aufregungen und dem Flug mit Baldrian samt unfreiwilliger Notlandung kam gerade recht.

Frau Martin wollte soeben den Kuchen anschneiden, da streckte Paulchen vorwitzig den Kopf zum Fenster herein und schaute gierig auf den Tisch. Als jeder ein Stück auf dem Teller hatte, wollte Bibi dem vierbeinigen Besucher heimlich von ihrem Kuchen abgeben.

„Nein, Bibi!", wies Bernhard Blocksberg seine Tochter zurecht und blickte dann Paulchen streng an. „Das ist Menschenfresschen, hörst du!"

„Wir sollten das Tier besser nicht draußen vor dem Haus frei herumlaufen lassen", meinte Frau Martin. „Das sind unsere Pferde nicht gewohnt. Wer weiß, was Paulchen alles anstellt, wenn er nicht beaufsichtigt ist."

„Bernhard-Schatz", säuselte da Barbara Blocksberg, „würdest du dich bitte darum kümmern und den ersten Preis in den Stall zu den anderen Pferden bringen?"

Bernhard Blocksberg nickte, aß schnell seinen Kuchen und überlegte krampfhaft, wie er es anstellen sollte. Mit Gewalt würde sich Paulchen bestimmt nicht wegzerren lassen; das Pony war trotz seines kleinen Wuchses stark und kräftig.

Tina erriet seine Gedanken.

„Nehmen Sie doch eine Möhre", schlug sie vor.

„Nein, danke!" Bernhard Blocksberg zuckte verwirrt zusammen. „Vielleicht später, ich habe gerade Kuchen gegessen."

„Nein, nicht für Sie. Für Paulchen. Sie können ihn damit vom Fenster weg bis zum Stall locken."

„Ach ja!" Bibi war begeistert. „Ich komme mit! Du auch, Tina?"

Tina nickte.

„Wir machen ihn mit Amadeus und Sabrina bekannt", schlug sie vor.

Es dauerte eine Weile, bis es Bernhard gelang, das Pony Paulchen über den Hof bis zum Stall zu locken. Er brauchte dazu genau sieben Mohrrüben, alle fünf Meter eine. Dabei lockte er Paulchen wie einen unfolgsamen Hund, worüber Bibi und Tina herzlich lachen mussten.

Amadeus und Sabrina legten die Ohren an und scharrten aufgeregt, als Paulchen in ihre Box geführt wurde. Das Pony scheute

zunächst ein wenig, aber das gab sich bald, als die beiden Mädchen beruhigend auf Paulchen einredeten. Kurz danach beschnupperten die drei Pferde einander, und Paulchen wurde übermütig. Er wackelte zu Sabrinas Futtertrog und wollte sich an dem Heu gütlich tun.

„Das gibt's doch nicht!" Bernhard Blocksberg schüttelte den Kopf. „Wie kann man nur so gierig sein?"

„Komm, Paulchen, weg da!" Tina schob das Pony zur Seite. „Naschen mag Sabrina gar nicht, und bei Amadeus brauchst du es auch nicht zu versuchen, der ist stärker als du!"

„Ich hoffe, das Tier macht euch nicht zu viele Umstände", meinte Bernhard nachdenklich. „Irgendwie fühle ich mich ja für das Pony verantwortlich. Wir haben es mitgebracht und nun …"

„Ach, da machen Sie sich mal keine Sorgen!", sagte Tina lässig. „Das kriegen wir schon hin. Es ist ja nicht das erste Pferd, mit dem wir es zu tun haben. Wir werden Paulchen in die Gästebox neben Max und Moritz stecken, dann ist er nicht so allein und kann seinen beiden Nachbarn erzählen, wie es draußen in der weiten Welt aussieht."

„Genau!", pflichtete ihr Bibi bei. „Schließlich war Paulchen schon in der großen Stadt. In Neustadt!"

Bernhard Blocksberg seufzte erleichtert und machte sich auf den Rückweg zum Wohnhaus, wo er mit Genuss eine zweite Tasse Kaffee trank. Frau Martin kümmerte sich anschließend um das Mittagessen. Als die Blocksbergs ihr zur Hand gehen wollten, protestierte sie.

„Nein! Kommt gar nicht infrage! Sie haben frei, Sie haben Urlaub! Genießen Sie das schöne Wetter! Wenn ich Hilfe brauche, wende ich mich an die Mädchen. Oder an meinen Sohn Holger."

Na, das ließen sich Bernhard und Barbara Blocksberg nicht zweimal sagen. Sie zogen festes Schuhwerk an, stopften sich die Taschen mit Äpfeln voll und machten einen langen und ausgedehnten Spaziergang durch den Falkensteiner Forst. Sie drehten sozusagen „eine große Runde", wie Bibi sich gern ausdrückte.

Ach ja, Bibi. Und Tina. Was trieben denn die beiden Mädchen an diesem Nachmittag? Nun, sie holten Paulchen aus dem Stall und machten ihn mit dem Leben auf einem Reiterhof bekannt. Die Mädchen hatten schließlich vor, auch einmal auf ihm zu reiten, und da musste sich Paulchen daran gewöhnen, Zaumzeug und Sattel zu tragen. Erst bockte er, aber dann fügte er sich, und zum Schluss schien es ihm sogar Spaß zu machen, die beiden Mädchen abwechselnd zu tragen.

Als die Sonne sich langsam dem Horizont näherte und hinter den hohen Tannen im Falkensteiner Forst unterging, trafen vier müde Gestalten auf dem Martinshof ein. Vier? Nein, fünf! Bibi und Tina kehrten mit Paulchen von der Koppel zurück, und Bibis Eltern schleppten sich müde von ihrer ausgedehnten Wanderung nach Hause.

„Chhh!", stöhnte Bernhard und ließ sich auf das große Bett im Gästezimmer plumpsen. „Bin ich fertig!"

„Tja, Bernhard! Du bist nichts mehr gewohnt!", spottete Barbara. „Immer nur im Büro hocken und daheim Zeitung lesen, da müssen einem ja die Knochen einrosten!"

„Werde ich heute gut schlafen!", sagte Bernhard Blocksberg und warf einen sehnsüchtigen Blick auf das Bett. „Am liebsten würde ich …"

„Nichts da! Mach dich frisch, dann gehen wir hinunter zum Abendessen. Ich höre schon die Mädchen die Treppe hinabpoltern. Lass uns nicht so trödeln, denn wer nicht kommt zur rechten Zeit, der muss essen, was übrig bleibt!"

Barbara Blocksbergs Befürchtungen waren unbegründet, denn unten in der gemütlichen Küche des Martinshofes war der Tisch bereits reichhaltig gedeckt. Die frische Luft hatte alle hungrig gemacht, und so futterten sie, was das Zeug hielt.

„Bibi!" Barbara ermahnte ihre Tochter sanft. „Das ist jetzt schon das fünfte Brot. Du wirst noch platzen!"

„I wo!" Bibi grinste. „Ich muss schließlich noch wachsen, und außerdem ist es das sechste. Du kannst wohl nicht mehr zählen, Mami?"

Eine gräfliche Begegnung

Der nächste Tag versprach ebenso schön zu werden wie der vorhergehende. Die Blocksbergs, Bibi und ihre Freundin Tina waren ausgeschlafen, hatten kräftig gefrühstückt und drängten nun zu neuen Unternehmungen.

„Ich würde gern einen Tagesausflug machen, ein Stullenpaket mitnehmen und irgendwo bei einer der vielen Burgruinen hier in der Gegend eine Mittagspause einlegen", überlegte Bernhard Blocksberg laut.

Wandern? Bibi verzog das Gesicht und warf Tina einen leicht angewiderten Blick zu. Wozu die Beine bewegen, wenn es doch Pferde gab, die einen dorthin trugen, wo man hinwollte? Am Ende würde ihr Vater noch vorschlagen, dass sein Töchterchen mit von der Partie sein sollte. Brrr! Nur das nicht! Aber was gab es noch?

Plötzlich hatte sie eine Idee.

„Wir könnten schwimmen gehen!", wandte sie sich an ihre Mutter und erklärte dann stolz: „Mami ist nämlich eine tolle Schwimmerin!"

„Danke, meine Lieben", erwiderte Barbara Blocksberg, „aber ich kann ganz gut für mich selbst sprechen. Ich würde nämlich gern reiten!"

Ein paar Sekunden lang herrschte Schweigen.

„Guckt mich doch nicht alle so an wie das achte Weltwunder! Ihr habt ganz richtig gehört, ich möchte reiten!"

Barbara schaute in die Runde.

„Du bist zu groß für mein Pony", gab Bernhard zu bedenken.

„Liebster Bernhard", kam es schnippisch zurück, „ich will auch nicht auf deinem verfressenen Hafersack herumturnen, sondern auf einem Großpferd reiten. Und wenn es mir

Spaß macht, sogar den ganzen Tag! Basta!"

Bibi machte große Augen. Jetzt hatte ihr Vater aber sein Fett weg!

„Kein Problem, Frau Blocksberg!" Frau Martin nahm die Sache locker. „Sie können Topsy haben."

„Ach ja, das ist gut", meinte Bernhard eifrig. „Die kenne ich schon, da kann dir nichts passieren."

„Ja, sag mal!" Barbara deutete einen leichten Vogel an. „Du tust ja so, als könnte ich mich nur mit den raffiniertesten Hexsprüchen im Sattel halten! Schließlich war ich früher genauso pferdevernarrt wie Bibi. Außerdem ist das mit dem Reiten so wie mit dem Radfahren: Wenn man es im Leben einmal gelernt hat, verlernt man es nicht mehr."

„Bravo!", rief Tina und applaudierte leicht. „Aber da fällt mir ein, dass wir leider nur Reitklamotten und Stiefel für Kinder haben. Die Sachen von Holger werden wohl ein bisschen zu groß für Sie sein."

„Das ist kein Problem. Das kriegen wir schon hin." Barbara Blocksberg stand auf und stellte sich kerzengerade hin. „Na, Bibi, was ist?", wandte sie sich an ihre Tochter. „Du oder ich? Was meinst du?"

„Ich! Bitte ich, Mami!", bettelte Bibi.

„Gut, aber was Schickes, wenn ich bitten darf!"

„Klar doch!" Bibi nickte. „Ich weiß schon, was einer jungen Mutter steht, ich lese ja auch manchmal Modezeitschriften."

Dann ließ sie einen Hexspruch los: *„Eene meene Hottentotten, für Mami schicke Reitklamotten! Hex-hex!"*

„Donnerwetter!" Bernhard Blocksberg stieß einen leisen Pfiff aus. „Wenn ich nicht schon mit dir verheiratet wäre, würde ich jetzt glatt um deine Hand anhalten!"

„Sie sehen aber wirklich flott aus!", lobte auch Frau Martin. „Wenn ich auch mal so ausreiten will, dann werde ich mich vertrauensvoll an dich wenden, Bibi!"

Barbara Blocksberg lächelte geschmeichelt

und betrachtete sich im Flurspiegel von allen Seiten. Bibi hatte ihr hellbraune Stiefel angehext, dazu einen cremefarbenen Reitanzug und eine passende Kappe.

Die Mädchen sattelten ihre beiden Pferde und die gescheckte Stute Topsy. Vergnügt, putzmunter und gar nicht unsicher drehte Barbara Blocksberg auf Topsy ein paar Proberunden. Bibi nickte ihrer Mutter stolz zu. Tadellose Haltung, sanfte Zügelführung. Es gab nichts zu meckern an den Reitkünsten ihrer Mutter.

Auf Tinas Vorschlag hin begannen die drei nun einen Ausritt. Zunächst ging es in leichtem Trab dahin, heraus aus dem hohen Tor des Martinshofes, ein Stück am Straßenrand entlang und dann auf den Feldweg, der sich den Waldrand entlang und zwischen Weiden und Feldern dahinschlängelte.

„Unserer Topsy macht der Ausritt Spaß, Frau Blocksberg", stellte Tina mit einem Blick auf die fröhlich prustende Stute fest. „Sie ist sehr zufrieden mit Ihnen."

„Danke! Das beruht auf Gegenseitigkeit.

Topsy trabt wunderbar. Ach, Kinder, wie lange bin ich nicht mehr geritten. Was haltet ihr ...", Bibi und Tina schauten Barbara Blocksberg fragend an, „von einem kleinen Wettreiten?"

„Au ja!"

„Gebongt!"

Da ließen sich die Mädchen nicht lange bitten. Tina gab das Kommando: „Auf los geht's los! Geradeaus bis zur Kreuzung. Der Wegweiser nach Falkenstein ist das Ziel."

„Na, dann ... los!", rief Barbara Blocksberg vergnügt.

Die drei Pferde bekamen von ihren Reiterinnen Schenkeldruck und galoppierten an. Zunächst lagen alle Kopf an Kopf, aber bald setzte sich Barbara Blocksberg von Bibi und Tina ab und übernahm auf Topsy die Führung.

„Du, ich glaube, deine Mami hat gehext!", stieß Tina schwer atmend hervor.

„Quatsch!", gab Bibi empört zurück. „Das macht sie bei einem ehrlichen Wettkampf doch nicht und schon gar nicht gegen uns. Los, Sabrina, aufholen!"

„Endspurt, Amadeus! Hüh! Du wirst doch wohl Topsy noch schaffen!"

Aber nein! Amadeus gelang es nicht, Topsy mit ihrer Reiterin zu schlagen, und Sabrina gelang es auch nicht. Barbara Blocksberg war Siegerin um zwei Pferdelängen.

Langsam fielen die Tiere wieder in Trab. Bibi schlug ihrer Mutter freundschaftlich auf die Schultern und gratulierte ihr herzlich zu dem Sieg. Tina tat das Gleiche, nur ohne Schulterklopfen.

Nach einer Weile schnaubten die Pferde, schüttelten die Köpfe und spielten nervös mit den Ohren.

„Aufgepasst!", wandte sich Tina an die anderen. „Das hat etwas zu bedeuten. Ich glaube, sie wittern ein anderes Pferd ganz in der Nähe."

Ein anderes Pferd? Wer konnte das wohl sein?

Die Mädchen blickten einander fragend an, doch bevor sie noch mit dem Raten beginnen konnten, löste sich das Rätsel: Zwischen den

Bäumen kam über einen kleinen Hügel Graf Falko von Falkenstein geritten. Er hielt sich stocksteif im Sattel, als hätte er einen Spazierstock verschluckt. Dabei schaute er ein wenig hochmütig, und das edle Pferd, auf dem er saß, sah genauso aus.

Graf Falko von Falkenstein ritt auf Barbara Blocksberg und die Mädchen zu und brachte dann vor ihnen sein Pferd zum Stehen. Er setzte ein freundliches Lächeln auf und zog seinen steifen Hut.

„Guten Tag, gnädige Frau", wandte er sich an Barbara Blocksberg. „Sind Sie auch mal wieder im Lande?"

„Guten Tag, Hoheit!", kam es ebenso freundlich zurück. „Sie entschuldigen, wenn ich ein bisschen verstrubbelt aussehe, aber ich habe gerade mit den Mädchen ein Wettreiten veranstaltet und sie dabei abgehängt."

„Abgehängt ist gut, hä, hä! Gnädige Frau galoppieren ja selbst wie ein junges Mädchen. Sehr charmant! HÖMM-HÖMM! Sehr charmant! Und das werte Töchterchen

hat seine Frau Mutter nicht besiegen können? Nein?" Der Graf wandte sich an Bibi,
die höflich grüßte. „Nichts mit Hex-hex und
so?"

„Aber nein, Hoheit! Wo denken Sie hin?
Außer Sie möchten wieder einmal ..."

„Bibi!", rief Barbara ermahnend und warf ihr
einen strengen Blick zu.

„Hä, hä, hä!", lachte der Graf meckernd.
„War ja nur ein kleiner Scherz, wie? Danke,
danke, kein Bedarf." Dann blickte er die Mädchen auffordernd an. „Ich hoffe, ihr habt eure
Tiere gut trainiert. Ihr nehmt doch bestimmt
auch am Pony-Wettkampf teil?"

„Na, klar doch!", rief Tina fröhlich. „Max und
Moritz sind bestens in Form!"

„Bestens in Form? Na, das ist ja wohl leicht
übertrieben", murmelte Bibi leise. Der Graf
hatte es nicht gehört.

„Bestens in Form! So, so!", wiederholte er.
„Das hört man gern. HÖMM! Aus meinem
Reitstall treten Friedrich I. und Friedrich II.
an."

„Aha!", meinte Barbara Blocksberg anerkennend. „Das sind wohl Ihre Söhne, Durch-
laucht?"

Bibi und Tina feixten und prusteten dann
laut los.

„Hä, hä! Sehr komisch!" Der Graf lächelte
gequält. „Nein, gnädige Frau, ich habe nur einen Sohn."

„Ja, natürlich." Barbara Blocksberg schaute
ein wenig verlegen. „Entschuldigung, Alexander."

„Hi, hi!" Bibi musste kichern. „Alexander der
Erste!"

„Jawohl! Der Erste ist er auch!", gab Tina
schnippisch zurück. Für mich jedenfalls, fügte
sie in Gedanken hinzu.

„Alex und sein Vetter Archibald werden die
beiden Ponys an den Start bringen", erklärte
der Graf.

„Aber die Ponys vom Martinshof werden sie-
gen!", platzte Tina heraus.

„Natürlich! Natürlich!" Der Graf verzog ein
wenig das Gesicht. „Aber überlassen wir das

doch lieber dem fairen Wettkampf. Äh, was ich noch sagen wollte, gnädige Frau ... Ist der werte Herr Gatte auch hier?"

Barbara bejahte.

„Sehr schön! HÖMM! Ich gebe nämlich ein Fest, ein Picknick im kleinen Kreise nach dem Turnier. Bei der Alten Mühle. Dazu möchte ich Sie und Ihren Gatten herzlich einladen. Frau Martin natürlich auch, und die Mädchen brauche ich ja nicht extra erwähnen. HÖMM! Oder?"

„Ja! Super! Toll! Danke!", riefen Bibi und Tina begeistert. Für ein Picknick waren sie immer zu haben. Außerdem tischte der Graf bei solchen Gelegenheiten immer die feinsten Sachen auf, da ließ er sich nicht lumpen.

„Tja, dann", Graf Falko von Falkenstein von Falkenstein ruckte an den Zügeln, „sage ich Adieu. Habe die Ehre. Empfehlen Sie mich Ihrem Gemahl."

Der Graf lüpfte erneut den Hut, lenkte sein Pferd zur Seite und trabte würdevoll davon.

Bernhard Blocksberg
und sein Pony Paulchen

Was machte eigentlich der Herr Gemahl, von
dem Graf Falko von Falkenstein gesprochen
hatte? Herr Gemahl Bernhard Blocksberg hatte sich in der Küche nützlich gemacht, das
Geschirr abgetrocknet und mit Frau Martin ein
wenig geplaudert. Als es für ihn nichts mehr zu
tun gab, scheuchte ihn Tinas Mutter freundlich,
aber bestimmt nach draußen. Das ließ sich Bibis Vater nicht zweimal sagen. Auf einen län-
geren Spaziergang oder gar eine richtige Wanderung verspürte er doch keine Lust mehr,
stattdessen schlenderte er kreuz und quer auf
dem Hof herum. Er schaute den Hühnern zu,
wie sie im Mist kratzten, herumpickten und ein

Staubbad nahmen, besuchte die schlamm-besudelten Schweine, verfütterte auf der Koppel ein paar schrumpelige Mohrrüben, die Frau Martin für ihren Eintopf nicht gebrauchen konnte, an Max und Moritz und landete schließlich im Obstgarten hinter der Scheune.

Bernhard Blocksberg machte große Augen, als er die Hängematte sah, die zwischen zwei Bäumen aufgespannt war. Die Hängematte war jetzt genau das Richtige! Er kletterte hinein und legte sich wohlig seufzend zurück. War das eine himmlische Ruhe! Kein Lärm war zu hören, in den Ästen zwitscherten die Vögel, Bienen und Hummeln summten, und ab und zu ließ Hahn Hubert ein lautes Krähen ertönen. Bernhard blinzelte in die Sonne, blinzelte ein zweites Mal und schloss dann die Augen. Kurz darauf ertönte ein leises Schnarchen aus der Hängematte.

Nach einer Weile gesellte sich zu dem Schnarchen ein leises Schnauben hinzu. Pony Paulchen hatte sich losgemacht und war ein wenig auf dem Hof herumspaziert. So gelangte es auch in den Obstgarten und erspähte dort sein Herrchen. Eilig trabte es auf den selig vor sich hin schnarchenden Bernhard zu. Es bleckte die Zähne, sperrte sein Maul auf und … leckte dem Schläfer einmal lang über das Gesicht!

Bernhard Blocksberg fuhr aus seinen Träumen hoch und riss die Augen auf. Er wusste im ersten Moment nicht, wo er war, sah nur den Pferdekopf ganz nah vor seinem Gesicht und stieß einen erschrockenen Schrei aus.

„Was ist das? Wo bin ich? Großmutter! Warum hast du so ein riesiges Maul? Hilfe, der Wolf!"

Das Geschrei alarmierte Frau Martin, und sie kam eilig angelaufen. Als sie die beiden sah, blieb sie stehen und lachte aus vollem Hals.

„Aber Herr Blocksberg! Sie haben nur geträumt. Erkennen Sie denn Ihr Paulchen nicht wieder?"

„Doch! Doch!", erwiderte Bernhard Blocksberg und schaute verwirrt zwischen Tinas Mutter und Paulchen hin und her. „Sagen Sie,

68

haben Sie mir soeben einen Waschlappen ins Gesicht geklatscht?"

„Ich werde mich hüten!" Frau Martin lachte immer noch. „Nein, das war eine Ponyzunge. Paulchen hat Ihnen einen Sympathiebeweis erbracht."

„Darauf kann ich dankend verzichten!", knurrte Bernhard Blocksberg und wehrte das Pony vergeblich ab. „Hilfe! Jetzt will der Satansbraten auch noch zu mir in die Hängematte!"

Tatsächlich! Paulchen war gestiegen und hatte die Vorderhufe auf Bernhards Brust gesetzt. Bevor Frau Martin noch zu Hilfe kommen und Paulchen wegziehen konnte, rissen die Befestigungsschnüre der Hängematte, und Bernhard Blocksberg landete unsanft auf dem Boden. Dabei verhedderte er sich in dem Stoff und sah aus wie eine eingewickelte Mumie.

„Na, zum Glück ist Ihnen nichts passiert", meinte Frau Martin, „und die Hängematte kann man reparieren. Am besten, Sie sorgen erst einmal dafür, dass unser Kuscheltier aus dem Garten kommt. Unter dem Baum hier liegen ein paar Falläpfel. Locken Sie Paulchen damit. Bringen Sie ihn auf die Koppel. Dort kann er nicht ausbüxen und sich doch austoben."

Stöhnend und ächzend rappelte sich Bernhard auf und begann Paulchen zu locken. Dabei redete er unentwegt auf das Pony ein: „Komm, Paulchen, Gassi gehen … Dahinten auf die Wiese … Ja, so ist's brav … halt! Nicht alle Äpfel auf einmal! Siehst du, jetzt habe ich keine mehr … Magst du vielleicht Löwenzahn wie die Hasen? … Brav! Ja, hier, Blümelein! Die sind lecker! Hmmm! … Du bist vielleicht ein raffiniertes Biest, jeden Schritt lässt du dir bezahlen!"

Bernhard Blocksberg war so damit beschäftigt, Paulchen quer über den Hof zur Koppel zu locken, dass er gar nicht merkte, wie die drei Reiterinnen von ihrem Ausritt zurückkehrten.

„Na, Papi! Frisst du Paulchen was vor? Schmeckt dir der Löwenzahn?"

„Lass mich in Ruhe!" Bernhard hatte die Stimme seiner Tochter erkannt, drehte sich aber nicht nach ihr um, sondern versuchte weiter, das Pony Paulchen auf die Koppel zu locken.

„Bernhard! Wie redest du denn?"

„Na, weil's doch wahr ist!"

„Hör mal", sprach Barbara Blocksberg weiter, „wir sind eingeladen. Vom Grafen. Zu einem Picknick."

„Sehr nett!", kam es gequält zurück. „Ich komme gern, wenn ich bis dahin dieses Monster dort habe, wo es hinsoll. Komm … komm …!"

„Lass ihn, Mami!", sagte Bibi. „Der ist beschäftigt. Reiten wir hinüber zum Stall und versorgen wir die Pferde."

Bernhards Pony wandte sich jetzt von seinem „Herrchen" ab und lief Amadeus, Sabrina und Topsy nach. Paulchen schien zu ahnen, dass die Pferde nach einem Ausritt immer einen Sonderhappen bekamen. Nachdem Bibi an das Pony schnell noch ein paar

Pferde-Leckerli verfüttert hatte, ließ es sich ohne Murren zurück in seine Box führen und war für den Rest des Tages brav wie ein neugeborenes Lämmchen.

Was tun mit Paulchen?

„Es war vielleicht doch keine so gute Idee, dieses Müsli-Pony hierherzubringen", sagte Bernhard Blocksberg nach dem Abendessen, als alle gemütlich um den Tisch herum saßen. „Ich weiß, es ist jung, aber wer weiß, was es noch alles anstellt. Heute die Hängematte, morgen macht es vielleicht was anderes kaputt. Mir ist das natürlich sehr unangenehm."

„Keine Sorge, Papi!", meinte Bibi tröstend. „Wenn Paulchen wieder etwas kaputt macht, hex ich es schnell wieder heil."

„Nett von dir, Kind", sagte Barbara Blocksberg. „Aber auf Dauer ist das keine Lösung."

„Jetzt mal keine Panik!", versuchte Frau Martin, Bibis Eltern zu beruhigen. „Wir hier auf dem Martinshof sehen da keine Probleme. Ehrlich. Paulchen kann wirklich für immer hierbleiben. Er wird es gut haben, er wird versorgt und viel bewegt. Und Sie, Herr Blocksberg, können Ihr Pferdchen besuchen, wann immer Sie wollen."

„Na, Mensch, Papi!" Bibi strahlte. „Das wär doch was. Wie findest du das?"

Bernhard Blocksberg überlegte kurz, dann nickte er.

„Na gut", sagte er zustimmend. „Ich zahle selbstverständlich für Paulchens Unterkunft und Verpflegung."

„Das hat uns gerade noch gefehlt!" Frau Martin lachte und winkte abwehrend mit der Hand. „Kommt gar nicht infrage. Das Pony verdient sein Fressen eines Tages selbst bei den Reiterhofkindern."

„Sie haben doch nichts dagegen, wenn auf Paulchen fremde Kinder reiten?", fragte Tina.

„Nein, natürlich nicht", beeilte sich Bernhard zu antworten. „Aber vielleicht will er das gar nicht?", fügte er ein wenig ängstlich hinzu.

Er sah vor seinem geistigen Auge das arme Paulchen, wie es von ahnungslosen Stadtkindern gequält wurde. Es war eine schreckliche Vorstellung!

„Sie müssen um Ihren Hauptgewinn keine Angst haben", fuhr Tina fort. „Die Reiterhofkinder gehen mit den Tieren hier immer sehr behutsam und liebevoll um, und Paulchen wird ganz schnell kapieren, dass es Spaß macht."

„Hey! Ich habe eine Idee!", rief Bibi dazwischen. „Wir trainieren Paulchen zusammen mit den anderen Ponys für den Wettkampf!"

„Langsam! Langsam!", wehrte Frau Martin ab. „Das Tier hat viel gestanden, bevor es hierherkam. Das sieht man an seinen Bewegungen. Es hat doch überhaupt noch keine Kondition."

„Vielleicht möchte ich einfach nicht, dass mein Pony an einem Wettrennen teilnimmt!" Bernhard Blocksberg war beharrlich.

„Mensch, Papi! Was möchtest du denn lieber? Einen dicken, fetten Stubenhocker oder ein strammes, schickes Pferdchen?"

„Also, wenn ihr mich fragt", meldete sich Barbara Blocksberg zu Wort, „ich finde, wir sollten die Kinder lassen, Bernhard. Vielleicht erlebst du ja eine Überraschung. Stell dir vor, dein Hauptgewinn gewinnt den Hauptgewinn! Das wäre doch nicht schlecht, oder?"

„Der erste Preis sind fünfhundert Euro und ein Pokal, beides gestiftet von Graf Falko von Falkenstein." Frau Martin war jetzt ganz auf der Seite der Kinder und versuchte, Bernhard Blocksberg den Vorschlag schmackhaft zu machen.

„Na gut", meinte dieser. „Meinetwegen. Aber seid nett zu meinem Paulchen, hört ihr?"

„Aber klar!", sagte Tina lässig. „Trotzdem, wir müssen ihn mit Max und Moritz mal kräftig laufen lassen und die Zeit stoppen. Wer soll ihn eigentlich reiten?"

„Na, wer schon? Ich!", rief Bibi keck. „Am besten gleich!"

„Nein, wer soll ihn beim Wettkampf reiten?", fragte Frau Martin und blickte Bernhard Blocksberg an. „Der Eigentümer?"

„Ich?", rief Bernhard entsetzt. „Ich mit meinen langen Beinen? Niemals!"

„Kein Problem, Papi!" Bibi grinste. „Die hexe ich dir kurz und klein."

In das Gelächter hinein sagte Tina: „Ich schlage vor, beim Wettkampf sollte Bibi auf Paulchen reiten, ich nehme Moritz, und Max …"

„Den reitet Holger!", ergänzte Bibi.

„Na, dann ist ja alles klar für heute. Endlich!" Frau Martin seufzte übertrieben. „Und jetzt ab in die Betten, Kinder. Ihr habt morgen noch viel vor."

Die Mädchen verabschiedeten sich mit Küsschen und polterten dann die Treppe hinauf. Schwatzend und kichernd verschwanden sie im Badezimmer, während die Erwachsenen noch ein halbes Stündchen beisammensaßen und endlich Zeit hatten, von etwas anderem als nur von Pferden, Pferden und nochmals Pferden zu reden.

Ein nächtliches Spektakel

Frisch geduscht und in sauberen Nachthemden kuschelten sich Bibi und Tina in ihre Betten. Tina löschte die Nachttischlampe. Das fahle Licht des Mondes fiel ins Zimmer, und nur das Rauschen der Bäume im nächtlichen Wald war zu hören.

„Ich finde das unheimlich nett von euch, dass Paulchen hier bei euch bleiben darf", sagte Bibi in die Stille hinein. „Obwohl ... Es wäre natürlich auch schön, wenn er bei uns in Neustadt wohnen würde. Dann wäre ich nicht so einsam."

„Meinst du das im Ernst?", fragte Tina erstaunt. „Übertreib doch nicht so, sonst kommen mir gleich die Tränen."

„Du hast leicht reden!", gab Bibi ein wenig patzig zurück. Sie wandte Tina den Rücken zu. „Du hast den ganzen Stall voller Pferde, und was habe ich, wenn die blöde Schule wieder anfängt? Nichts!" Sie schniefte leise und tat sich sehr leid.

„Ach, komm!", versuchte Tina, ihre Freundin zu trösten. „In einem kleinen Häuschen wäre das doch 'ne Tierquälerei."

„Ich könnte ihm alles hexen, was er braucht!" Bibi gab nicht auf. „Täglich einen Zentner saftige grüne Äpfel, einen Stall, eine Koppel …"

„Na klar", Tina nickte mit dem Kopf, „dazu noch andere Pferde und Hühner und Wald und Sandwege und Wiesen und … und … und …!"

„Ja, ja, ist ja schon gut!" Bibi sah ein, dass ihre Träumereien sich nicht verwirklichen ließen. Sie drehte sich wieder zu Tina um. „Du hast ja recht. Es war nur so eine plötzliche Idee. Aber Papi wird sein Paulchen bestimmt vermissen. Ich glaube, er mag ihn."

„Und ich mag Alex", sagte Tina wie zu sich selbst. „Gute Nacht!"

„Gute Nacht, Tina! Träum was Schönes! Morgen wird ein spannender Tag!"

Die beiden gähnten noch einmal herzzerreißend, nach ein paar Minuten aber waren sie in tiefen Schlaf gefallen, und außer ihren ruhigen Atemzügen war nichts mehr zu hören.

Einige Stunden später ging im Gästezimmer das Licht an. Bernhard Blocksberg hatte es angeknipst, weil er von einem seltsamen Schnauben und Klopfen aus dem Schlaf gerissen worden war.

„Barbara!" Er rüttelte seine Frau an der Schulter. „Da ist was! Da klopft was!"

„Ach, Unsinn!" Sie gähnte müde. „Wahrscheinlich hast du geträumt, dass jemand an die Tür klopft und dir mitteilen will, dass du schon wieder etwas gewonnen hast. Vielleicht ist es ja diesmal eine Traumreise!"

„Nein, das kommt vom Fenster. Ich höre draußen ein Wiehern. Ich stehe mal auf und sehe nach."

Bernhard Blocksberg kroch aus seinem warmen Bett und öffnete das Fenster. Er schrak heftig zurück, als er Paulchen erblickte, der den Kopf hereinstreckte und wieherte.

„Heiliger Strohsack! Da steht das Pferd!"

„Lass es stehen, da steht es gut!", brummelte Barbara.

Nein, das wollte Bernhard dann doch nicht. Er versuchte, das Pony durch Schubsen und Drücken vom Fenster wegzudrängen, redete sanft auf das Tier ein oder schimpfte es halblaut aus.

Schließlich wurde in einem anderen Teil des Hauses ein Fenster geöffnet, und eine Stimme rief: „Herr Blocksberg, sind Sie das? Was ist denn los?"

„Ja, ich bin es. Tut mir leid, Frau Martin, aber mein Pony ist ausgebrochen. Es steht hier vor unserem Fenster und rührt sich nicht vom Fleck."

„Streicheln Sie es, reden Sie ihm gut zu, dann verschwindet es vielleicht wieder."

Gut zureden! Bernhard murmelte etwas Unverständliches vor sich hin. Das hatte er doch schon die ganze Zeit über getan. Zu allem

Überfluss erschien jetzt auch noch Bibi auf der Bildfläche. Als sie die Bescherung sah, lachte sie laut los.

„Bibi, bitte! Mach was!", flehte Bernhard Blocksberg seine Tochter an. Bibi ließ sich nicht lange bitten und sprang hinaus zu Paulchen.

„Ich glaube, du bist noch nicht müde, mein Kleiner. Ja, das wird es sein. Du willst dich wohl noch ein wenig bewegen? Na, das kannst du gern haben: *Eene meene Schnatteldattel, du hast Zaumzeug jetzt und Sattel! Hex-hex!* Nun zeig, was du kannst! Hü! Nachtritt!"

Bevor noch ihre Eltern protestieren konnten, hatte sich Bibi bereits elegant in den Sattel geschwungen und war losgeritten. Sie hörte nicht mehr, wie ihr Vater ihr etwas nachrief und wie ihre Mutter ihn daraufhin beruhigte. Im flatternden weißen Hemd ritt sie wie in einem Gespensterfilm auf Paulchen durch die Nacht.

Das Pony vertraute ganz seiner Reiterin, ließ sich von Bibi ohne Bocken führen und galoppierte voller Freude über die mondbeschienenen Wege und Wiesen, als wäre für ihn ein Nachtritt das Normalste auf der Welt. Bibi redete leise mit Paulchen, und Paulchen antwortete mit Wiehern und Schnauben.

„Du bist wirklich ein Spitzenpony, Paulchen, weißt du das? ... Ein richtiger Hauptgewinn! ... Ja, lauf nur, lauf, wie du Lust hast! ... Leg dich richtig ins Zeug, zeig, was in dir steckt! ... Ja, das machst du prima! ... Tina hat recht, hier draußen ist es besser für dich. Solche Nacht-ritte könnten wir in Neustadt nie machen. Du gehörst auf den Martinshof! Ich bin dafür, dass du immer hierbleibst!"

Es graute schon fast der Morgen, die ers-ten Vögel im Wald begannen ihre zarten Stim-men zu erheben, da kehrten das Pony und sei-ne Reiterin endlich auf den Hof zurück. Bibi hexte Sattel und Zaumzeug wieder weg, rieb Paulchen trocken und gab ihm zur Belohnung eine Extraportion Heu. Sie löschte das Licht im Stall, huschte dann flink ins Haus zurück und schlüpfte wieder in ihr warmes Bett.

Das Wettreiten

Die nächsten Tage vergingen für Bibi und Tina wie im Flug. Paulchen hatte der nächtliche Ausritt viel Spaß gemacht, er strengte sich beim Training besonders an und zeigte sich von seiner besten Seite. Er war nicht mehr so verfressen und hielt sich brav an die Kommandos, die man ihm gab. Die Kinder fanden sogar, dass er ein paar Pfund abgespeckt und dafür ein paar Muskeln mehr bekommen hatte. Mit einem Wort: Paulchen war bereit!

Am Sonnabend dann war es so weit: Bereits am Morgen war ein Stück des breiten Weges durch den Falkensteiner Forst für den Verkehr gesperrt worden, und freiwillige Helfer hatten die Bahn für die Pferde hergerichtet. Nach und nach trafen die jungen Reiterinnen und Reiter ein und suchten ihre Plätze. War das ein Gewusel und Gewimmel von lauter aufgeregten Kindern und Ponys! Schließlich kam aber doch Ordnung in das Durcheinander, und die Teilnehmer stellten sich in einer Reihe an der Startlinie auf. Sie war gleichzeitig die Ziellinie, denn die Bahn führte in einem großen Kreis um einen kleinen Hügel herum.

Zahlreiche Zuschauer hatten sich entlang der Bahn aufgestellt und warteten gespannt auf das große Ereignis. Mittlerweile war auch die Kapelle der Freiwilligen Feuerwehr des Dorfes erschienen und spielte einen flotten Marsch, den Graf Falko von Falkenstein höchstpersönlich dirigierte. Dann ergriff er eine Flüstertüte und hielt eine kurze Ansprache.

„HÖMM! HÖMM!" Er räusperte sich und sprach dann mit schnarrender Stimme: „Liebe Falkensteiner, liebe Gäste, Groß und Klein! Es ist so weit. Ich bitte um Ihre Aufmerksamkeit. Ich eröffne das Pony-Wettreiten der Jugend unseres Landkreises mit großer Freude über den sportlichen Einsatz unserer jungen Reiterinnen und Reiter. Und ihrer Pferde natürlich. HÖMM!"

Beifall und Bravorufe ertönten, und die Kinder auf ihren Ponys rutschten nervös in ihren Sätteln hin und her. Da zwängte sich plötzlich ein Erwachsener zwischen den bauchigen Pferdeleibern hindurch und kraulte einem Pony den Stirnschopf. Es war Bernhard Blocksberg!

„Paulchen", murmelte er seinem Pferdchen zu, „ich drück dir die Daumen. Mach mir keine Schande!"

„Papi, geh weg!", zischte Bibi mit hochrotem Kopf. „Du hast hier nichts zu suchen. Wir werden sonst noch disqualifiziert."

„Ich will ihm doch nur Mut zusprechen", sagte Bernhard ein wenig beleidigt. „Schau, Paulchen, ich habe auch was für dich in der Tasche. Einen leckeren Apfel für dich, den kriegst du hinterher."

Der Graf hatte unterdessen die Flüstertüte gegen eine Glocke getauscht und stellte sich

neben der Startlinie auf. Bernhard Blocksberg machte, dass er zur Seite kam.

„Achtung!", rief der Graf und setzte eine gewichtige Miene auf. „Ich gebe mit der Glocke das Zeichen. Auf die Plätze ... fertig ... los!"

Wie aus der Pistole geschossen, preschten die Ponys los. Alle? Nein, nicht alle. Paulchen hatte sehnsüchtig Bernhard Blocksberg nachgeschaut, und als die ersten Pferde weg waren, setzte er sich gemütlich in Bewegung und folgte dem verlockenden Apfelduft. Ein paar der Ponys waren von Paulchen verwirrt worden und blieben nach ein paar Schritten stehen. Bibi raufte sich die Haare. War das peinlich! Vor Scham wäre sie beinahe in den Erdboden versunken.

„Mensch, Papi! Bist du bekloppt? Geradeaus soll Paulchen gehen und nicht querfeldein. Wenn du dich mit dem Apfel wenigstens an die Zielgerade gestellt hättest!"

„Fehlstart! Fehlstart!" Der Graf bimmelte aufgeregt mit seiner Glocke. „Alle zurück an die Linie!"

Auweia, dachte Bibi. Hoffentlich muss ich jetzt nicht ausscheiden. Aber der Graf drückte ein Auge zu, wie es so schön heißt. „Offensichtlich mangelt es … HÖMM! … unserem Gastteilnehmer Pony Paulchen noch ein wenig an Disziplin. Aber ich denke, wir sollten tolerant sein und ausnahmsweise von den internationalen Regeln abweichen. Deshalb: Alle wieder an den Start, auch Bibi Blocksberg und ihr Pony."

Bibi seufzte erleichtert auf und nahm ihren Platz erneut ein. Dieses Mal wollte sie aber auf Nummer sicher gehen.

„Das machst du mir kein zweites Mal, Paulchen. Du schaust nicht nach rechts und nicht nach links, sondern nur geradeaus, bis du am Ziel bist. Dort steht dann dein Herrchen. Warte, es ist besser, wenn ich dir noch Scheuklappen hexe: *Eene meene Apfelhappen, du hast jetzt zwei Augenklappen! Hex-hex!"*

Als Graf Falko von Falkenstein festgestellt hatte, dass alle wieder auf ihrer Position waren, gab er erneut das Signal mit der Glocke.

90

Diesmal verlief der Start ohne Zwischenfälle. Eine dichte Staubfahne hinter sich herziehend, galoppierten die Teilnehmer los, und der Boden erdröhnte von dem Donnern der kleinen Ponyhufe. Das Publikum feuerte die Reiterinnen und Reiter an, sie jubelten, klatschten und bliesen auf mitgebrachten Tröten.

Allmählich setzten sich einige Ponys vom Feld ab und übernahmen die Führung. Allen voran Pony Paulchen, über dessen Hals sich Bibi tief gebeugt hatte und ihr Pferd anspornte.

„Ja! Super, Paulchen! … Das war ein Spitzenstart, den du hingelegt hast. … Zeig, was du kannst! Lass die anderen hinter dir! … Denk an alle Äpfel der Welt, sie warten auf dich!"

Auch Bibis Vater trieb sein Pony mit lauten Rufen an, fuchtelte aufgeregt mit den Armen in der Luft herum und war ganz rot im Gesicht.

„Bernhard! Beherrsch dich doch! Brüll nicht so!", wies ihn Barbara zurecht, als es ihr zu viel wurde. „Was sollen denn die anderen denken?"

„Das ist mir piepegal!" Bernhard ließ sich nicht beirren. Sein Pony mit seiner Tochter im Sattel führte mittlerweile, hart gefolgt von Tina auf Moritz und Holger auf Max, und es sah ganz so aus, als würden sie Sieger. „Wenn mein Hauptgewinn gewinnt, muss ich doch brüllen. Paul-chen! ... Paul-chen! ... Paulchen! Jaaaa! Er gewinnt! Er geht durchs Ziel! Mein Paulchen hat gewonnen! Gewonnen!"

„Paulchen! Paulchen!", stieß Barbara Blocksberg leicht verärgert hervor. „Und von deiner Tochter redest du gar nicht? Glaubst du vielleicht, es lag nur an deinem blöden Apfel?"

Beinahe hätten Bibis Eltern einen Streit angefangen, aber die Freude über den Sieg war doch größer. Vater und Tochter waren glücklich, und Bibi war auch ein wenig stolz auf sich, denn schließlich hatte sie Paulchen geritten. Tina und Holger gratulierten ihr herzlich und lobten das Pony über den grünen Klee. Zu dritt ritten sie dann zu dem kleinen Podest, auf dem die Kapelle gespielt hatte. Hier fand die Siegerehrung statt. Der Graf überreichte Bibi einen Umschlag mit fünfhundert Euro, eine Urkunde und einen Pokal. Graf Falko von Falkenstein hätte natürlich lieber einen von seinen beiden Friedrichs geehrt, aber er war ein fairer Sportler und musste zugeben, dass sie gegen Paulchen keine Chance hatten.

Gemütlich machten sich nun der Graf und seine Gäste auf den Weg zur Alten Mühle. Während Paulchen genüsslich seinen Apfel mampfte, unterhielt sich der Graf mit Bibis Eltern.

„Also, ich muss schon sagen, Herr Blocksberg, eine beachtliche Leistung! HÖMMM! Wusste gar nicht, dass Sie inzwischen selbst einen Reitstall haben. Darf man fragen, wie der Züchter dieses Ponys heißt?"

„Na ja, Hoheit … Ähem … Stall ist übertrieben, und der Züchter, wie hieß er doch gleich wieder …?"

„Meier-Müsli!", sagte Barbara Blocksberg schlagfertig.

„Das ist ja sonderbar. HÖMMM!" Der Graf runzelte erstaunt die Stirn.

„Das ist eine lange Geschichte", versuchte Bernhard Blocksberg abzulenken, aber der Graf ließ nicht locker.

„Ach ja? Ich liebe lange Geschichten. Erzählen Sie mir diese Geschichte doch nachher beim Picknick."

Plötzlich ertönte aus der Ferne ein leises Donnergrollen, und ein frischer Wind fuhr durch die Bäume.

„Hoffentlich regnet es heute nicht noch", meinte Barbara Blocksberg und verzog das Gesicht. „Dahinten ziehen dunkle Wolken auf."

„Nicht unken, gnädige Frau!", wehrte Graf Falko von Falkenstein ab. „Wenn ich ein Fest gebe, was ja nicht jeden Tag vorkommt, dann hat es auch stattzufinden. Ein Graf, ein Grafenwort. Punktum. HÖMMM!"

Paulchen, der Lebensretter

Als sie schließlich bei der Alten Mühle eintrafen, war schon alles von Butler Dagobert hergerichtet: Auf dem Boden waren Decken ausgelegt, und daneben standen Picknickkörbe
mit den leckersten Dingen, Kästen mit Spru-
del, Cola und Säften. Graf Falko von Falkenstein führte seine Gäste zu einem gemütlichen
Platz nahe dem Mühlenbach. Hier ließen sich
alle nieder, und bald schon waren sie in bester Stimmung. Jetzt musste Bernhard Blocksberg die Paulchen-Geschichte haarklein von
Anfang an erzählen. Der Graf amüsierte sich
köstlich.

„Witzig! Sehr originell, wirklich. Werde ich
weitererzählen, wenn ich meine Reiterkollegen

das nächste Mal treffe. Aber nun", fuhr er zwischen zwei Bissen fort, „möchte ich Ihnen doch noch ein paar Ratschläge für die Erziehung eines solchen Pferdes geben ..."

Doch Graf Falko von Falkenstein kam nicht dazu. Er wurde von Paulchen abgelenkt, der sich offenbar losgerissen hatte und nun gierig in einen der Picknickkörbe starrte. Verärgert schob ihn Bernhard Blocksberg zur Seite.

„Entschuldigung, Hoheit, aber dieses Tier ist unberechenbar. Paulchen! Weg von dem Essen! Hörst du? Sei nicht so gefräßig!"

Da ertönte ganz in der Nähe ein gewaltiger Donnerschlag, auf den ein zweiter folgte, und plötzlich ergoss sich ein heftiger Platzregen über die Gäste. Sie flohen eilig in die Alte Mühle, um dort Schutz zu suchen. Nur Bernhard Blocksberg nahm einen kürzeren Weg und stellte sich unter einen Baum mit einem breiten, ausladenden Blätterdach. Paulchen ließ sich aber nicht von Bibi zur Mühle locken, sondern folgte seinem Herrchen.

„Wieso läufst du mir nach, du verfressener

Gaul? Du hast mich schon wieder blamiert!",
schimpfte Bibis Vater.

Die Donnerschläge folgten jetzt in immer
kürzeren Abständen, und Blitze zuckten über
den Himmel. Paulchen drängte sich an Bernhard Blocksberg, stieß ihn mehrmals an und
wieherte.

„Ist ja schon gut, mein Alter! Du hast Angst
vor dem Gewitter? Ich bin ja bei dir."

Das Pony stieß jetzt wie ein Ziegenbock gegen die Brust seines Herrchens, immer heftiger, bis Bernhard fast das Gleichgewicht ver-
lor.

„He! Was soll das? Was fällt dir ein? Ich will
nicht in den Regen hinaus, hier unter dem
Baum ist es so schön trocken!"

Aber Paulchen war zäh. Er schob und
drängte und drückte. Bernhard Blocksberg
wich aus, ging ein paar Schritte und fiel hin. Er
kroch hastig unter einen schützenden Busch –
da schlug auch schon ein Blitz in den Baum,
unter dem er gerade noch gekauert hatte, und
spaltete den Stamm in zwei Teile. Bernhard

Blocksberg wurde ganz blass vor Schreck! Er war nur knapp mit dem Leben davongekommen. Paulchen schien geahnt zu haben, dass der Einschlag kam. Aber wo war Paulchen?

Nach dem gewaltigen Krachen hatte das Pony vor lauter Schreck Reißaus genommen und trabte nun ziellos und in Panik durch den verregneten Wald.

„Paulchen! Mein Paulchen! Wo bist du?" Trotz des Gewitters und der einbrechenden Dunkelheit machte sich Bernhard Blocksberg auf die Suche nach seinem Pferd.

Die anderen hatten den Einschlag auch gehört, waren ins Freie gelaufen und standen ratlos vor dem gespaltenen Baum.

„Papi! Mein Papi ist nicht da!" Bibi war den Tränen nahe.

„Paulchen ist auch weg", stellte Tina fest. „Wo können sie nur sein? Was machen wir bloß?"

„Bibi!" Barbara Blocksberg fand, dass es jetzt Zeit zum Handeln war. „Hast du Kartoffelbrei dabei?" Bibi nickte eifrig. „Gut. Baldrian ist auch da. Los, wir beide suchen jetzt deinen Vater!"

„Und wir kümmern uns um das Pony", bot sich Frau Martin an. „Komm, Tina!"

Sie teilten sich in zwei Gruppen auf, die einen zu Fuß, die anderen auf ihren Hexenbesen, die auf einen Suchspruch eingestellt waren: *„Eene meene Apfelkuchen, los, jetzt nur den Papi suchen! Hex-hex!"* Die kleine und die große Hexe legten einen Blitzstart hin und sausten im Tiefflug durch den Wald.

„Papi muss total den Kopf verloren haben!", rief Bibi ihrer Mutter zu und duckte sich zum Schutz gegen den strömenden Regen über ihren Besen. „Bei diesem Gewitter rennt er durch den Wald. Da sind noch genug Bäume, in die jederzeit der Blitz einschlagen kann!"

„Er will eben sein Paulchen nicht verlieren! Aber bleib ganz ruhig, Bibi. Mein Hexengefühl sagt mir, dass ihm nichts passiert ist. Achtung! Baldrian geht tiefer, er nimmt Kurs auf den Steinbruch. Mir nach, Bibi! Vielleicht ist dein Vater dort unten irgendwo!"

Tatsächlich, so war es auch! Unter einem Felsvorsprung, der ein wenig Schutz vor dem Regen bot, hockten Bernhard und Paulchen. Sie gaben ein rührendes Bild ab: Beide hatten sich erschöpft aneinandergeschmiegt.

„Papi! Paulchen! Papi! Paulchen!" Glücklich umarmte Bibi abwechselnd ihren Vater und das Pony. Gott sei Dank! Die beiden waren unverletzt geblieben und nur nass bis auf die Haut. Na, wenn da Bernhard bloß keinen Schnupfen bekam!

Barbara hexte Paulchen noch einmal meerschweinklein, und dann wurde aufgesessen. Ab ging es, mit einem Umweg über die Alte Mühle, um den anderen Bescheid zu sagen, auf schnellstem Weg zurück zum Martinshof. Der Graf ließ Tina und ihre Mutter im Pferdewagen nach Hause bringen. Als sie eintrafen, hatten Bibi und ihre Eltern bereits ein heißes Bad genommen. Tina und Frau Martin taten es ihnen nach, und bald saßen alle heißen Tee schlürfend in der Küche um den warmen Ofen herum, in dem ein kräftiges Feuer brannte.

Abschied von Paulchen

Die Ereignisse des vergangenen Tages waren auch beim Frühstück am nächsten Morgen Thema Nummer eins.

„Ich kann es immer noch nicht begreifen!" Bernhard Blocksberg schüttelte zum wiederholten Mal den Kopf. „Paulchen muss gewusst haben, dass der Blitz in den Baum fahren würde!"

„Tiere spüren eben Unheil, bevor es geschieht", meinte Frau Martin. „Das habe ich schon oft gehört. Dann werden sie unruhig."

„Also …", Bernhard räusperte sich, „ich habe mir heute Nacht etwas überlegt: Ich möchte das Pony wieder mit nach Neustadt nehmen. Wir haben ja einen Garten, nicht groß, aber mit kräftigem Rasen. Irgendwie wird das schon gehen."

„Ich kann Ihre Gefühle für Paulchen ja gut verstehen, aber für das Pony ist das bestimmt nicht gut", meinte Frau Martin.

„Aber wirklich", pflichtete ihr Barbara bei, „das bringt doch nichts. Darüber hatten wir doch schon ausführlich gesprochen." Sie blickte Bernhard ernst an. „Sei doch bitte vernünftig, Schatz!"

„Nein!" Bernhard blieb stur. „Ich trenne mich nicht von meinem Lebensretter. Ich nehme ihn mit, ohne Kleinhexerei. Er wird mit der Bahn transportiert oder mit einer Spedition. Ich mache das schon, ihr müsst euch gar nicht darum kümmern. Ich bin Paulchens Eigentümer und bestimme das so!" Er haute mit der Faust auf den Tisch. „Schluss mit der Diskussion!"

„Bernhard?", meldete sich da erneut Barbara zu Wort. „Es tut mir leid für dich, aber ich muss dich jetzt doch auf etwas hinweisen." Sie entnahm ihrer Handtasche ein Blatt Papier, faltete es auseinander und legte es auf den

Tisch. „Hier ist die Urkunde der Firma Meier-Müsli, und da steht: Gewinner – B. Blocksberg."

„Richtig? Und?"

„B. Blocksberg? Das könnte auch ich sein!", stellte Bibi verblüfft fest.

„Oder ich!", ergänzte ihre Mutter.

„Na und?", erwiderte Bernhard Blocksberg leicht gekränkt. „Ich habe immer schon bei jedem Preisausschreiben drei Lösungskarten mit dem Namen B. Blocksberg abgeschickt. Das erhöht die Chancen."

„Das gibt's ja nicht!" Tina wurde ganz aufgeregt. „Bibi, dann hättest du ja ..."

„Oder Sie, Frau Blocksberg ...", meinte Frau Martin.

„Aber ich habe bei dem Preisausschreiben das Lösungswort rausgekriegt!", rief Bernhard leicht verzweifelt.

„Papperlapapp!" Barbara winkte ab. „Dreimal B. Blocksberg heißt, jeder von uns kann der Gewinner sein!"

„Dann sollten wir abstimmen", schlug Bibi

vor. „Finger hoch, wer dafür ist, dass Paulchen hierbleibt."

Bei Bibi und ihrer Mutter ging der Finger hoch. Bernhard Blocksberg wurde blass. Er sagte kein Wort, schob schweigend den Stuhl zurück und ging nach draußen. Die kleine und die große Hexe schauten sich einen Moment betreten an, dann stand auch Bibi auf.

„Ich glaube, Papi ist traurig", sagte sie leise. „Ich gehe ihn trösten."

Sie fand ihn dort, wo sie ihn vermutet hatte: bei Paulchen im Stall. Er streichelte sein Pony und kraulte ihm die Mähne. Dann band er es los, nahm es am Zügel und führte es nach draußen. Dort traf er Bibi.

„Ich mache mit Paulchen einen kleinen Abschiedsspaziergang."

„Warte! Ich komme mit!" Bibi hakte sich bei ihrem Vater unter und lächelte ihn so lieb an, dass er nicht widersprechen konnte. Bernhard nahm seine Tochter bei der Hand, und zu dritt wanderten sie lange die vertrauten Wege zwischen Wiesen, Feldern und Wäldern entlang.

„Nicht traurig sein, Papi!" Bibi drückte ihm fest die Hand. „Du wirst noch viele Spaziergänge mit ihm machen."

„Na gut, wenn du meinst, Fräulein B. Blocksberg." Er drückte kräftig zurück. „Wenn Frau B. Blocksberg nichts dagegen hat, dann kommt Herr B. Blocksberg eben öfter mal mit Äpfeln, Blumen und einer Seite aus der Neustädter Zeitung hierher zu Pony P. Blocksberg."

„Genau! Zu Pony Paulchen, deinem Hauptgewinn!"

Alle lieben Knuddel

nach Ulf Tiehm

Ein neuer vierbeiniger Gast

Im gemächlichen Schritt trotteten Amadeus und Sabrina über das Kopfsteinpflaster der Bahnhofstraße von Falkenstein. Die beiden Pferde schnaubten, ihre muskulösen Körper glänzten noch ein wenig vor Schweiß, denn ihre beiden Reiterinnen hatten sie auf dem Weg in das Städtchen tüchtig rangenommen. Jetzt aber genossen auch Bibi und Tina den langsamen Ritt durch den Ort. Es war heiß, und immer wieder fächerten sie sich mit der Hand frische Luft zu.

Die Bahnhofstraße machte eine kleine Biegung, und da lag auch schon der Bahnhof vor ihnen. Es war ein altes, schmuckes Backsteingebäude und stammte aus dem vorletzten

Jahrhundert. Von Falkenstein aus verkehrten nicht mehr viele Züge in beide Richtungen, nur vier bis fünf am Tag für die Pendler, die zur Arbeit in die nahe Kreisstadt fuhren, oder für Familien, die in die andere Richtung zu einem nahen Erholungsgebiet wollten.

Bibi und Tina lenkten ihre Pferde am Hauptgebäude des Bahnhofs vorbei in Richtung Güterhalle. Hier befanden sich einige Abstellgleise.

Vorsichtig überquerten Amadeus und Sabrina die Schienen, bis sie das Ende des Bahnsteiges 2 erreichten. Dort standen zwei Waggons, ein Personenwagen und ein Viehwaggon. Beide waren von dem fahrplanmäßigen Personenzug abgekoppelt worden, der bereits vor ein paar Minuten weitergefahren war. Schnaufend und zischend rangierte eine alte Dampflok hin und her. Als sie einen lauten Pfiff ausstieß, scheute Amadeus ein wenig. Tina tätschelte ihm leicht den Hals. „Ist ja schon gut, mein Pferdchen. Das olle Ungetüm tut dir nichts! Nimm dir ein Beispiel an Sabrina, die regt so ein altes Dampfross nicht auf. Die lässt das kalt."

„Genau!", pflichtete ihr Bibi bei. „Die liebt Dampfloks. Ich übrigens auch, fast so sehr wie Pferde. Wie viele PS mag das schwarze Ungetüm wohl auf die Schienen bringen? Hundert? Zweihundert?"

„Kannst ja mal rüberreiten und den Lokführer fragen!", neckte Tina ihre Freundin. „Vielleicht lässt er dich ja mal als Heizer mitfahren."

„Keine schlechte Idee!", fand Bibi. „Aber heute nicht. Tun wir lieber unsere Arbeit. Wir sind ja nicht zum Vergnügen hier."

„Okay", meinte Tina. „Dann fangen wir mal an."

Sie stieg ab und ging zu dem Dienstraum des Stationsvorstehers. Sie wechselte mit ihm ein paar Worte und bekam dann einige Papiere ausgehändigt, die sie in der Brusttasche ihrer Bluse verstaute. Schließlich kam sie mit dem Mann zurück.

„Ich lasse meine Mutter die Sachen unterschreiben, und der Nächste, der wieder in die Stadt kommt, gibt sie hier ab", sagte sie.

„Geht in Ordnung!" Der Stationsvorsteher trat an den Viehwaggon heran, entriegelte die schwere Tür und rollte sie zur Seite. Er legte eine hölzerne Rampe gegen die Tür.

„So!", meinte er. „Das war's für mich. Jetzt könnt ihr euren Besuch rausholen. Ich komme später zurück und mache die Tür wieder zu."

Mit diesen Worten entfernte er sich.

Bibi stapfte die Bretter hinauf und verschwand im Inneren des Waggons. Von drinnen ertönte ein leises Wiehern und Prusten, Hufe scharrten. Plötzlich tauchte die kleine Hexe wieder in der Tür auf. Mit der rechten Hand hielt sie ein Zaumzeug. Es gehörte zu einem kleinen, knuddeligen und von der Zottelmähne bis zum Schwanz schokobraunen Shetlandpony, das zunächst ein wenig verwirrt, dann aber mit wachen Augen um sich blickte.

„Guten Tag, Knuddel!" Tina grinste. „Willkommen auf dem Land! Ich hoffe, du fühlst dich wohl bei uns."

„Ich denke schon, dass er das tut", meinte Bibi und führte das Pony vorsichtig herunter. „Er ist gar nicht scheu, im Gegenteil."

„Er?" Tina musterte das Pferdchen kurz. „Schau mal genau hin. Das ist kein Er, das ist eine Sie."

„Also gut, eine Stute", sagte Bibi. „Eine süße, kleine Stute. Ey! Nicht so stürmisch!"

Die kleine Knuddel hatte die beiden Mädchen wohl auf Anhieb in ihr Ponyherz geschlossen, denn sie schob sich zwischen sie, schubste und drängelte und rieb ihren Kopf abwechselnd an der einen und dann an der anderen.

„Jetzt ist es gut mit der Begrüßungskuschelei, alte Schmusebacke!" Energisch drängte Tina das Pony zur Seite. „Spar dir deine Kräfte für den Heimweg auf. Bis zum Martinshof ist es noch ein ganzes Stück."

„He! Warte mal! Stopp!", unterbrach Bibi ihre Freundin, die sich gerade mit Knuddel in Bewegung setzen wollte. „Da hängt was um ihren Hals."

„Ach, wie süß!" Tina griff danach. „Ein rosa Bändchen mit einem Brief daran."

„Was steht denn drauf?", fragte Bibi.

„Für die Pfleger meines Lieblings", antwortete Tina.

„Das sind wir! Los, mach auf!"

„Moment!" Tina nestelte an Knuddels Hals herum, was das Pony als neue Streichelrunde ansah, denn sofort wurde es wieder unruhig und begann zu schnauben.

„He, Knuddel, lass das! Der Brief ist an uns!" Bibi hob mit gespieltem Ernst den Zeigefinger. „Meine Güte, bist du verschmust! Na gut, dann machen wir es so: Tina liest vor, und ich streichle dich."

Tina öffnete den Umschlag, faltete ihn auseinander und las laut vor: *„Knuddel mag lieber Hafer als Weizen, Roggen frisst sie gar nicht. Mais nur untergemischt."*

„Ha! Ha!", sagte Bibi trocken. „Ist doch nichts Neues. Die tut ja so, als ob wir keine Ahnung hätten. Knuddel ist ja wohl nicht das erste Pflegepferd, das ihr auf eurem Hof aufnehmt!"

„Wenn Knuddel nicht gleich auf das erste Wort hört, darf man sie auf keinen Fall anschreien."

„Du meine Güte!" Bibi musste kichern. „Ein Sensibelchen ist unser Shetty auch noch! Was machen wir denn da?"

Tina lachte, dann brachte sie den Brief zu Ende: *Bitte seid nett zu Knuddel!* Na, die Bemerkung hätte sich die unbekannte Absenderin allerdings sparen können. Wir sind ..."

„... immer nett!", vollendete Bibi den Satz, und Knuddel wieherte laut, als wollte sie ihr beipflichten.

„So, jetzt wird es aber Zeit!", sagte Tina energisch. Sie nahm Knuddel am Zügel und führte sie zu den Pferden, die an ihrem Platz stehen geblieben waren und nun ihre Reiterinnen freudig begrüßten. Tina entrollte eine lange Leine, die sie über ihren Sattelknopf gelegt hatte, und band Knuddel daran fest. Das andere Ende in der Linken, schwang sie sich auf Amadeus' Rücken. Bibi saß bei Sabrina auf, und los ging es Richtung Martinshof.

Ihr Weg führte diesmal nicht quer durch die Stadt, sondern gut einen Kilometer an den Gleisen entlang. Nach einer Weile bog der kleine Trupp vom Bahndamm ab und bewegte sich über verschlungene Feldwege, an Wiesen und Weiden entlang, ein Stück durch den Falkensteiner Forst, bis er die Grenze zum Martinshof erreichte. Nun waren es nur noch ein paar Minuten bis zum Hauptgebäude, und schließlich ritten Bibi und Tina durch das Hoftor. Geschafft! Knuddel war gesund und munter abgeliefert worden.

Knuddel hier, Knuddel da!

Das Pony zeigte sich vom ersten Augenblick an von seiner besten Seite, und es gab niemanden auf dem Martinshof, der den kleinen Schmuser nicht sofort in sein Herz geschlossen hätte. Das merkte Knuddel natürlich. Also tat sie ihrem Namen alle Ehre und ließ sich von jedem knuddeln, dem sie über den Weg lief. Die Reiterhofkinder waren begeistert, vor allem die Geschwister Jenny und Micha. Sie tobten stundenlang mit dem schokobraunen Pferdchen herum, und Knuddel ließ alles gern mit sich geschehen. Knuddel fraß auch tüchtig; sie wurde sorgsam gepflegt und mehrmals am Tag gestriegelt und gebürstet. Die Nacht verbrachte sie in einer Gästebox bei den anderen

122

Ponys. Außer Max und Moritz vom Martinshof waren da noch der grau gescheckte Snoopy, den die beiden Mädchen gerettet hatten, und Faulchen, das Pony, das Bernhard Blocksberg bei einem Preisausschreiben gewonnen und auf dem Martinshof untergebracht hatte. Im Nachbarstall hatten Amadeus und Sabrina und die anderen Pferde ihre Boxen. Daneben lag die Scheune, wo die Hühner und Hahn Hubert die Nächte auf ihren Stangen verbrachten.

Wie gesagt, Knuddel ging es prächtig; sie liebte alle und alle liebten sie. Fast schon zu sehr. Das betraf auch Frau Martin. Deshalb sprach Tina ihre Mutter nach ein paar Tagen morgens in der Küche an, als die Mädchen bei der Hausarbeit halfen.

„Du, Mutti …“

„Ja, was ist?“ Frau Martin blickte kurz von ihrer Arbeit auf.

„Ich … äh … ich wollte dir mal was sagen. Sei jetzt nicht gleich verärgert, aber …“

„Oh! Das klingt ja sehr bedeutungsvoll. Hast du was ausgefressen?“

„Nein, diesmal nicht!", beeilte sich Tina zu sagen. „Es geht um was anderes: um Knuddel. Ich finde, du verhätschelst sie viel zu sehr!"

„Ich?" Frau Martin sah sie verblüfft an. „Na hör mal, du bist gut. Schau dir lieber mal die anderen Kinder an, was die den lieben langen Tag alles mit der Stute anstellen. Knuddel hier, Knuddel da. Ich mach doch gar nichts."

„Von wegen!", gab Tina zurück. „Gar nichts ist gut. Neuerdings hast du immer Pferdeleckerlis in deiner Schürzentasche. Wenn dir die Knuddel über den Weg läuft, dann schaust du dich immer um, ob dich jemand sieht, und dann greifst du in die Tasche und gibst ihr eins. Was ist denn das zum Beispiel?"

Die Martinstochter hatte ihrer Mutter blitzschnell in die Tasche gegriffen und hielt einen Gegenstand hoch.

„Das?" Frau Martin blickte ein wenig verlegen zur Seite. „Das ist nur ein kleiner verschrumpelter Apfel, schon ein bisschen angestoßen und …"

„Ach, Mutti!" Tina knallte das Geschirrtuch,

mit dem sie gerade Gläser blank poliert hatte, auf den Tisch. „Das geht so nicht. Damit machst du die anderen Ponys doch bloß neidisch!"

„Unsinn!", kam es leicht empört zurück. „Max und Moritz sind viel zu faul und bequem, denen ist das egal. Und was Snoopy und Paulchen betrifft, die sind regelrecht verknallt in die Neue. Wenn man das von Pferden überhaupt sagen kann, dass sie sich verknallen."

„Tina! Tina! Das musst du dir unbedingt ansehen!" Bibi kam in die Küche gestürmt. „Snoopy, Paulchen und Knuddel draußen auf der Koppel. So was Süßes!"

„Frau Martin!", rief Jenny aus dem Flur. „Telefon!"

„Langsam! Langsam! Alles nacheinander! Ich habe auch nur zwei Hände!" Frau Martin seutzte. „Wer ist denn dran?"

„Ein Mädchen! Wegen Knuddel. Ich glaube, ihr gehört das Pony."

„Was denn? Die schon wieder? Meine Güte, die hat doch bereits dreimal angerufen. Was will sie denn jetzt?"

„Lass mal, Mutti, ich geh schon dran", sagte Tina halblaut. „Der werde ich jetzt was erzählen!"

„Sei bitte höflich zu ihr, Tina", ermahnte Frau Martin ebenso leise ihre Tochter. „Man kann das Kind ja auch verstehen. Sie ist zum ersten Mal von ihrem Pony getrennt."

„Na und?", meinte Bibi lässig. „Da muss sie durch. Sabrina und ich verkraften das ja auch, wenn ich mal nicht hier bei euch bin."

„Hallo, hier Martinshof!" Tina hatte den Hörer genommen, den ihr Jenny entgegenstreckte, und hielt ihn ans Ohr. Bibi drängelte sich dazu und hielt den Kopf ganz schief, damit sie mithören konnte und ja nichts verpasste. „Ich bin Tina, guten Tag!"

„Ja, hallo?", ertönte eine Mädchenstimme aus der Hörermuschel. „Ich bin die Besitzerin von Knuddel. Wie geht's denn meiner Süßen?"

Bibi verdrehte die Augen.

„Deiner Süßen?", fragte Tina gedehnt zurück und legte einen leicht zickigen Ton in ihre Stimme. „Der geht es aus-ge-zeich-net.

Das gnädige Pferdefräulein ist hier der totale Mittelpunkt und bringt alles durcheinander."

„Das kann ich mir denken. Frisst sie auch gut?"

„Wie ein Scheunendrescher!", antwortete Tina trocken.

„Das ist ja prima. Und ... äh ... schläft sie auch gut?"

Bibi und Tina starrten sich verblüfft an. Ja, erwartete das Mädchen denn, dass in jeder Nacht jemand nach Knuddel schaute, ob sie auch gut zugedeckt war? Na, die hatte Nerven!

„Gib mal her!", flüsterte Bibi und nahm Tina den Hörer aus der Hand.

„Okay, aber vergiss nicht: Wir sollen höflich zu ihr sein!"

Bibi winkte begütigend ab und sprach dann mit verstellter, tiefer Stimme in die Sprechmuschel: „Hallo, hier spricht Dr. Martin, der Chef vom Martinshof."

Tina unterdrückte nur mit Mühe ein Lachen, als die Telefonstimme ebenfalls einen Guten Tag wünschte.

„Du musst dir keine Sorgen machen", brummelte Bibi los. „Wir haben Wachen eingeteilt, Tag und Nacht, die passen auf dein Shetlandpony wie ein Schießhund auf."

Ein paar Sekunden lang war Schweigen in der Leitung, dann fragte das Mädchen schüchtern: „W-Wachen? Meinen Sie das im Ernst?"

„Aber selbstverständlich!", sagte „Dr. Martin". „Wir sind doch alle Profis hier. Du brauchst also nicht mehr anzurufen, Kindchen. Dein Pferdchen ist bestens versorgt."

„Ja ... äh ..., das ist sehr nett von Ihnen. Danke schön und auf Wiederhören!"

„Alles Gute, mein Kind. Auf Wiederhören!", sagte „Dr. Martin".

Kaum hatte Bibi den Hörer wieder aufgelegt, prusteten die beiden laut los.

„Alles Gute, mein Kind!", wiederholte Tina. „So ein Quatsch! Na, die ruft bestimmt nicht mehr so schnell an! Aber höflich und nett warst du schon, das muss man dem Herrn Doktor schon lassen."

„Jetzt komm aber!" Bibi schubste ihre

Freundin zur Tür. „Ich wollte dir doch zeigen, was draußen auf der Koppel los ist."

Immer noch kichernd verließen sie das Wohnhaus und marschierten hinüber zur Pferdekoppel. Innerhalb der Einzäunung tummelten sich Knuddel, Paulchen und Snoopy. Das hieß, Knuddel ließ sich von mindestens fünf Kinderhänden streicheln, Paulchen drehte im Trab friedlich ein paar Runden, und Snoopy führte die wildesten Sprünge aus, stieg und lief ein paar Schritte auf den Hinterbeinen und tänzelte anschließend wie ein Vollblutaraber bei der Hohen Schule.

„Das sind ja richtige Kunststücke!", rief Jenny begeistert. „Man merkt, dass Snoopy früher mal im Zirkus aufgetreten ist. Toll, dass er für uns eine Extravorstellung gibt."

„Finde ich auch", pflichtete ihr Micha bei. „Bei euch auf dem Martinshof ist es spitze! Immer was los! Sogar Zirkus wird geboten."

„Schön, dass es euch Spaß macht", meinte Bibi, die sich an Tinas Seite das Spektakel anschaute. „Aber ich glaube, das tut er nicht für euch, sondern für Knuddel. Er will eure Aufmerksamkeit auf sich ziehen und vor Knuddel angeben."

„Pfff! Aber echt!", sagte Tina. „Sonst kriegt er die Hufe kaum hoch und läuft, als ob er Rheuma hätte. Hey, Paulchen, lass das!"

Paulchen hatte sich von hinten Knuddel genähert und keilte jetzt nach dem Braunen aus.

„Jetzt sind sie beide schon eifersüchtig! Mann, seid ihr blöd oder was?", jammerte Tina und versuchte, dazwischenzugehen. Aber vor Paulchens Hufen hatte sie Respekt.

„Bibi, tu doch was! Die Kleine kann sich ja gar nicht wehren!"

„Ja, ja", sagte Bibi. „Die ist den rauen Umgangston auf dem Martinshof nicht gewohnt. Aber keine Angst, ich mach das schon: *Eene meene Gänsewein, Pferdchen, du bist winzigklein! Eene meene Bienenschwarm, Knuddel, komm auf meinen Arm! Hex-hex!"*

Im Nu war Knuddel so groß wie ein Dackel geworden. Sie hatte sich in Bibis Armbeuge gelegt und schaute verdutzt in die Gegend.

„Na, mein Schnuffel", sagte Bibi und streichelte das winzige Pony. „So klein bist du ja noch niedlicher. Wetten, du würdest jetzt vor Wohlbehagen schnurren, wenn du eine Katze wärst. Dann würden die anderen beiden aber gucken!"

„Die gucken auch jetzt schon ganz bedeppert. Die verstehen die Welt nicht mehr!" Tina lachte. „Gib mir mal das Kleine."

„Ich will es auch mal haben! Ich will es streicheln! Ich will es auch streicheln!", riefen Jenny und Micha bettelnd und streckten Bibi ihre Arme entgegen.

„Nein, Knuddel bleibt bei mir auf dem Arm", entschied Bibi. „Ich habe sie mir klein gehext. Außerdem sollen sich Paulchen und Snoopy ein wenig beruhigen."

„Willst du sie mit ins Bett nehmen?", fragte Tina spöttisch. „Die ist bestimmt noch nicht stubenrein!"

Jenny und Micha lachten bei der Vorstellung, dass Klein-Knuddel auf Bibis Bettvorleger ihr kleines Geschäft machen könnte.

„Nein, nein. Pferd gehört zu Pferd", sagte Bibi. „Allein und so winzig ist sie bestimmt unglücklich. Aufgepasst, meine Herren Ponys! Ihr bekommt euren Spielkameraden wieder. Aber wehe, ihr gebt keine Ruhe! Dann dürft ihr heute Nacht bei dem schönen Wetter nicht draußen bleiben, sondern werdet in eure Boxen eingesperrt."

Paulchen und Snoopy scharrten mit den Vorderhufen und nickten mit ihren Köpfen, als ob sie alles verstanden hätten.

„Gleich dürft ihr sie wieder streicheln", wandte sich Bibi an die beiden Reiterhofkinder Jenny und Micha. *„Eene meene Eigentor, alles ist so wie zuvor! Hex-hex!"*

Snoopy und Paulchen wichen erschrocken einen Schritt zurück, als das kleine braune Pony wieder in Lebensgröße vor ihnen stand. Die beiden Pferde hatten sich wohl Bibis Worte zu Herzen genommen, denn plötzlich herrschte wieder Friede auf der Koppel. Das war den Mädchen nur recht, denn sie konnten sich nicht für den Rest des Tages mit vierbeinigen

Streithähnen abgeben. Es gab schließlich auf dem Martinshof noch mehr zu tun.

Endlich war Feierabend. Bevor sie sich aus ihren Reitsachen schälten und für das Abendessen wuschen, drehten Bibi und Tina ihre übliche Runde durch den Stall, um nach dem Rechten zu sehen; hier einen Pferdehals tätscheln und da warme, weiche Nüstern streicheln.

„So, das wär's dann für heute!", stellte Tina erleichtert fest. „Mensch, bin ich froh, wenn ich meine Beine unter Muttis Tisch strecken kann."

„Du, Tina", meinte Bibi, „wir haben doch noch ein bisschen Zeit, deine Mutter hat noch nicht gerufen. Ich finde, wir sollten noch mal rüber zur Koppel und nach den Ponys sehen."

„Was denn?" Tina runzelte die Stirn. „Willst du dir Knuddel noch einmal klein hexen? Brauchst du neuerdings ein Kuscheltier?"

„Nein, nur gucken!", wehrte Bibi ab. „Ehrlich."

„Aber unsere Pferde sind doch schon in ihren Boxen", wandte Tina ein. „Und zum Latschen habe ich wirklich keine Lust ... He! Moment!"

Ihre Augen blitzten. „Wir könnten doch auf deinem Besen fliegen. Da hätte ich jetzt richtig Lust drauf!"

„Machen wir!", erklärte Bibi großzügig. „Der alte Wuschel langweilt sich sowieso unter all den Hofbesen in der Kammer."

Sie gingen die paar Schritte hinüber zur Besenkammer. Bibi säuberte ihren Wuschel, dass es nur so staubte, und dann saßen die beiden Mädchen auf.

„Eene meene Abendrot, Rundflug vor dem Abendbrot! Hex-hex!"

Augenblicklich hob der Hexenbesen vom Boden ab, gewann rasch an Höhe, legte sich in eine elegante Kurve und zischte haarscharf über den Wetterhahn des Martinshofes hinweg.

„Super, Bibi!", jubelte Tina. „Das ist ja schon ewig lange her, dass wir geflogen sind. Geht's noch ein bisschen weiter rauf?"

„Na, klar doch", meinte Bibi. *„Eene meene Wortverdreher, Kartoffelbrei, steig immer höher! Hex-hex!"*

Der Besen schien einen Schnellgang zu besitzen, denn mit einem Mal waren sie weit oben über den Baumwipfeln. Die untergehende Sonne hatte das Falkensteiner Land mit einem rotgoldenen Schimmer überzogen, Falkenstein mit seinem Schloss war aus der Vogelperspektive zu sehen, und am Horizont ließen sich die Umrisse von Rotenbrunn ausmachen.

„Willst du noch höher?", fragte Bibi „Brauchst es bloß zu sagen. Kartoffelbrei kriegt so schnell keinen Höhenkoller, er ist nämlich schwindelfrei."

„Nee, das reicht schon! Ich weiß ja nicht, ob ich vielleicht den Höhenkoller bekomme." Tina lachte. „Außerdem wird es hier oben mit der Zeit reichlich frisch."

„Na gut, dann gehen wir eben wieder runter", sagte Bibi großzügig. „Auf zur Koppel! Wie hätte es das gnädige Fräulein denn gern? Mit Looping oder mit Spirale? Kannst es dir aussuchen, ich habe heute meinen großzügigen Tag."

„Spirale kenne ich noch nicht!"

„Na, dann halte dich jetzt mal gut fest!", forderte Bibi ihre Freundin auf. „Achtung! *Eene meene Kannibale, schraub dich abwärts mit Spirale! Hex-hex!*"

Sofort neigte der Besen seine Nase dem Erdboden zu und begann zu schlingern, als würde er im nächsten Augenblick auch schon abstürzen.

„Huch!", kreischte Tina. „Nicht so schnell, ich kriege ja den Drehwurm!"

Aber bevor Tina sich von ihrem Schreck erholen konnte, hatte es sich bereits ausspiralt, und Kartoffelbrei flog wieder gleichförmig dahin.

„He, guck mal! Da unten auf der Ponykoppel!" Bibi deutete nach unten. „Hopsen da Hasen?"

„Das kann man von hier oben nicht so gut erkennen", antwortete Bibi. „Moment, ich gehe mal weiter runter."

„Oh, Mann!", entfuhr es Tina, als sie endlich so weit unten waren, dass sie Hasen von

Pferden unterscheiden konnten. „Snoopy tobt schon wieder rum wie ein Blöder. Dieses ausgeflippte Zirkuspony!"

„Tja, so ein Manegenpferd ist eben immer im Dienst!" Bibi lachte. „Aber Knuddel ist auch nicht schlecht, das musst du zugeben."

„Ich glaube, ich spinne!", rief Tina plötzlich erschrocken. „Snoopy rammt den Zaun! Will er den zertrümmern? Halt, nein! Er will drüberspringen!"

„Von wegen! So weit kommt's noch! Wir landen!", entschied Bibi. *Eene meene Brandung, Kartoffelbrei, los, Landung! Hex-hex!"*

Die beiden Ponys rannten und tobten übermütig hin und her, als würden sie nie müde werden. Immer wieder rasten sie auf den Zaun zu. Snoopy machte die verrücktesten Sprünge, und Knuddel war eine gelehrige Schülerin. Es fehlte nicht viel, da würden die beiden die Scheu vor dem Zaun verloren haben und mit einem eleganten Satz auf die andere Seite gelangen. Paulchen dagegen war ganz anders. Er stand abseits und sah sich das Geschehen gelangweilt an. Um diese Zeit noch rumrennen? Das kam doch gar nicht infrage!

„Komm, Tina!", rief Bibi. „Die kleine Rackerin erwischen wir! Das würde mir gerade passen, wenn sie uns ausbüxt. Ich habe keine Lust, die halbe Nacht lang hinter einem Pflegepony herzurennen!"

„So! Dich hätten wir!" Tina war von Kartoffelbrei gesprungen, hatte Knuddel den Weg abgeschnitten und hielt sie nun mit beiden Armen fest, obwohl sie sich heftig dagegen sträubte. „Nein, du bleibst jetzt hier. Du läufst nicht rüber zu Snoopy!"

Das Zirkuspony war einige Meter entfernt zum Stehen gekommen, wieherte hell auf und bleckte die Zähne. Es sah aus, als ob es die Mädchen frech angrinste.

„Der kleine Zirkuscharmeur hat unsere Knuddel richtig eingewickelt." Tina musste lachen, ob sie wollte oder nicht.

„Na, sie findet ihn eben toll!", sagte Bibi feixend. Sie fuhr Knuddel zärtlich durch ihren dichten Stirnschopf. „Na, Knuddelchen? Was hattest du denn vor, meine Süße? Wolltest wohl mit dem alten Artistenherrn auf die Walz gehen, was?"

„Kommt nicht in die Tüte!" Tina wurde energisch. „Bibi, es hilft nichts, wir müssen die beiden für die Nacht in den Stall bringen."

„Wieso beide? Wenn wir Knuddel sicher unterstellen, dass sie Ruhe gibt, das müsste doch wohl reichen, oder?"

„Glaube ich nicht." Tina war skeptisch. Sie kannte ihre Pappenheimer, wie es so schön heißt. „Stell dir vor, Snoopy spielt wieder verrückt, schafft doch noch den Zaun und gibt mitten in der Nacht vor unserem Haus eine Zirkusvorstellung mit viel Radau. Oder ihm ist langweilig, und er legt sich mit Paulchen an. Na, da möchte ich meine Mutter nicht erleben."

Das leuchtete Bibi ein. Leider waren Snoopy und Knuddel anderer Meinung als die beiden Mädchen, und es dauerte eine ganze Weile und kostete eine ganze Menge Kraft und Energie, bis sie den verliebten Kunstspringer und das

überdrehte Pflegepony für die Nacht untergebracht hatten.

Die Tiere benahmen sich äußerst störrisch, und man merkte es ihnen an, dass sie die Stunden bis zum nächsten Morgen lieber im Freien ver-bracht hätten. Aber da half kein Stampfen und Wiehern. Es musste sein. Dann war endlich Ruhe, und Bibi und Tina machten sich für das Abendbrot fertig. Sie wuschen sich die Hän-de, kämmten sich die Haare und ließen es sich nach einem langen, anstrengenden Arbeitstag schmecken.

Ein nächtlicher Störenfried

„Sag mal, Mutti", fragte Tina und schaufelte sich einen zweiten Berg Bratkartoffeln auf den Teller, „hat dieses Mädchen eigentlich noch einmal angerufen?"

„Nein, hat sie nicht", antwortete Frau Martin und machte sich mit dem Gedanken vertraut, eine weitere Schüssel voll geschälter Pellkartoffeln in die Pfanne zu schneiden. „Sie traut uns wohl endlich zu, dass wir ihr Knuddelschätzchen allein und ohne ihre klugen Ratschläge versorgen können. Wir sind ja nicht blöd, oder?"

„Nein, sind wir nicht!" Bibi blickte skeptisch auf das, was Tina von den Bratkartoffeln übrig gelassen hatte. Das würde doch nie reichen!

„Übrigens, wir haben Knuddel in den Stall gebracht, Frau Martin."

„Wieso?", fragte Frau Martin. „Gab es denn Probleme mit ihr?"

„Nö", antwortete Tina und spülte mit einem großen Glas Apfelsaft nach. „Aber sicher ist sicher. Unserem Herzchen soll ja nichts passieren. Sonst kommt irgendwann noch ein böser Ponydieb und …"

„Unk hier bloß nicht rum! Das fehlte uns noch!", wies Frau Martin ihre Tochter zurecht. „Aber das mit dem Reinbringen über Nacht, das war klug von euch. Auf euch kann man sich wenigstens verlassen."

Nach ein paar Minuten Schweigen, das nur durch Essgeräusche unterbrochen wurde, zuckte Frau Martin zusammen und blickte auf ihre Uhr.

„Ach! Ich wollte doch ausnahmsweise mal die Acht-Uhr-Nachrichten sehen. Schade, schon vorbei. Jetzt reicht es gerade noch für den Wetterbericht."

„… *setzt sich morgen von Südwesten her*

mit zunehmender Mittelmeerwarmluft ein umfangreiches Hochdruckgebiet durch und sorgt in den kommenden Tagen für eine stabile Wetterlage", verkündete der bebrillte Wetteronkel, der mit einem Stock auf der Wetterkarte hin und her fuhr.

„Sehr schön! Super!", sagte Bibi vergnügt. „Das ideale Flugwetter. Da wird sich mein Kartoffelbrei aber freuen. Er fliegt so ungern bei Regen und …"

„Sei mal still!", unterbrach sie Tina. „Da kommt noch was!"

Richtig, da kam noch was. Bevor der Abendkrimi angesagt wurde, hatte die blondgelockte Sprecherin noch eine Mitteilung zu machen: „Nun bitten wir noch um Ihre Aufmerksamkeit für eine Suchmeldung. Die dreizehnjährige Susanne Meyer ist von einem Ausflug nicht in den Ferienbungalow ihrer Eltern zurückgekehrt. Eine Entführung mit Lösegeldforderung ist nicht auszuschließen, da die Familie im Besitz eines großen Kaufhauses ist. Hier eine Beschreibung von Susanne Meyer: Das

Mädchen trägt rote Jeans, eine rot gestreifte Bluse und Turnschuhe. Sie ist einen Meter achtundfünfzig groß und hat rötliches, lockiges Haar. Zweckdienliche Hinweise nimmt jede Polizeidienststelle entgegen."

„Oh, das ist ja brutal!" Bibi war richtig geschockt. „Das arme Mädchen. Dreizehn Jahre bloß. Wer weiß, in welcher Wildnis sich das Susannchen gerade befindet."

„Vielleicht ist sie ja auch bloß weggelaufen", vermutete Frau Martin. „Treibt sich irgendwo rum und will ein Abenteuer erleben. In dem Alter haben Mädchen manchmal die verrücktesten Ideen im Kopf."

„Na, hör mal, Mutti!", protestierte Tina. „In dem Alter, wie du dich auszudrücken pflegst, sind wir schließlich auch gerade."

„Ich weiß, mein Kind." Frau Martin griff nach der Fernbedienung und drückte die AUS-Taste. „Hoffen wir nur, dass sie nicht zu einem x-beliebigen Fremden ins Auto steigt."

„So blöd ist die bestimmt nicht!", meinte Bibi.

„Wieso denn nicht?" Tina legte den Kopf schief. „Du kennst sie doch gar nicht."

„Mit dreizehn ist man nicht mehr doof!", fügte Bi energisch hinzu.

„Aber manchmal leichtsinnig", wandte Frau Martin ein.

„Ach nee?", meinte Tina gedehnt. „Ist ja interessant. Eben hast du uns noch gelobt und hast gesagt, wir wären klug, und man könnte sich auf uns verlassen. Und jetzt sagst du so was!"

„Das habe ich auch so gemeint, sei nicht gleich eingeschnappt", erwiderte Frau Martin in einem versöhnlichen Ton. „Vor lauter Dankbarkeit, weil ich so kluge und verlässliche Mädchen habe, wasche ich heute das Abendbrotgeschirr allein ab, und ihr könnt euch nach oben zurückziehen. Einverstanden?"

Na ja, eigentlich hätten die beiden noch gern ein bisschen in den verschiedenen Fernsehsendern hin und her gezappt, aber Geschirr spülen mussten sie in der Regel jeden Tag. Weil außerdem noch eine Menge vom Mittagessen stehen geblieben war, nahmen sie Frau Martins Angebot mit Vergnügen an.

Als sie sich dann irgendwann endlich im Bett zurechtgekuschelt hatten, musste Bibi an das fremde Mädchen denken, das es in diesem Augenblick bestimmt nicht so gemütlich hatte wie sie: Frisch bezogene Bettwäsche, draußen rauschten die Bäume, aus dem Stall klang das Scharren und Schnauben der Tiere, die es sich ebenfalls gemütlich gemacht hatten – was wollten sie eigentlich mehr?

„Blöde Mücken!" Erbost sprang Tina auf, erlegte durch ein Händeklatschen einen der winzigen Quälgeister und hantierte am Fenstergriff, als Bibi auch schon laut protestierte.

„Nicht zumachen! Ich brauche frische Luft! Ich ersticke sonst!"

„Und ich?", erwiderte Tina leicht empört. „Soll ich mich vielleicht völlig zerstechen lassen wegen dir? Kommt gar nicht infrage! Lieber ersticken als bei lebendigem Leib aufgefressen werden."

„Warte, ich habe eine bessere Idee!", schlug

Bibi vor: *„Eene meene Hinterhalt, alle Mücken sind im Wald! Hex-hex!* Besser so?"

„Viiel besser!", bestätigte Tina und sprang mit einem Salto zurück ins Bett. „Stell dir mal vor, dieses Mädchen, das getürmt ist, wenn die jetzt da draußen in einem Mückenschwarm hockt und …"

„Das ist ja komisch, so ein Zufall!" Bibi stützte sich auf den Ellbogen und blickte ihrer Freundin ins Gesicht. „An die habe ich auch gerade gedacht. Wenn die nun wirklich entführt worden ist?"

„Ach was! Wer denkt denn gleich an das Schlimmste?", erwiderte Tina. „Nee, du, ich glaube, meine Mutter hat recht. Sie ist bestimmt nur ein bisschen abgehauen. Wenn sie Hunger kriegt, geht sie wieder heim. Wetten? Bist du eigentlich schon mal von zu Hause durchgebrannt?"

„Na, klar doch", antwortete Bibi lässig. „Auf der ganzen Welt gibt es keine Junghexe, die das noch nicht gemacht hat."

„Echt? Und warum hast du das gemacht?"

„Einfach nur so. Irgendwas in mir wollte weg, einfach weg. Auf und davon."

„Ja, und deine Eltern?", fragte Tina.

„Ach!" Bibi winkte ab. „Für die war das halb so schlimm. Wozu haben wir eine große, erfahrene Hexe im Haus? Meine Mami braucht doch nur mal kurz einen Blick in ihre Hexenkugel zu werfen und schon weiß sie, wo ich bin. Hexenschicksal. Echt langweilig, wenn du mich fragst."

„Ich bin noch nie weggerannt!", gab Tina zu und starrte an die Decke. „Vielleicht sollte ich ja auch mal, vielleicht gehört das dazu, wenn man noch jung ist?"

„So ein Käse!" Bibi holte aus zu einem kräftigen Rippenstoß, auf den Tina mit einem Quietscher reagierte. „Du hast es doch super hier: Felder, Wald, Wiesen und Pferde. Pferde noch und nöcher!"

„Meinst du, so was reicht auf die Dauer? Und was ist, wenn Alex ins Internat kommt?"

„Warum soll er denn ins Internat?" Bibi tippte sich an die Stirn. „Was will er denn da?"

„Was weiß ich?", maulte Tina. „Der alte Graf von Falkenstein meint sicher, dass es dem Herrn Sohnemann nicht schaden könnte, in einem Internat noch mehr Büüüldung abzukriegen. Wenn der Herr Vater ruft, dann spurt der Herr Sohn. An mich denkt wieder keiner."

„Ach, du armes Kindchen!" Die kleine Hexe nahm ihre Freundin in den Arm. „Dann würdest du wohl abhauen?"

„Ganz sicher!" Tina seufzte abgrundtief.

„Also, weißt du!" Bibi stemmte die Arme in die Seiten. „Ich glaube, du bastelst dir jetzt gerade ein Riesenproblem zurecht. So ein Quatsch! Willst du mal ein echtes Problem haben, jetzt gleich? Okay: *Eene meene Bein und Arm, rein mit einem Mückenschwarm! Hex-hex!"*

Augenblicklich ertönte von allen Seiten ein unangenehmes Sirren und Summen, und kleine schwarze Pünktchen tanzten in der Luft, begierig darauf, eines der Mädchen oder auch beide zu stechen.

„Das ist gemein, Bibi!" Tina kreischte auf und schlug hektisch nach den winzigen Insekten.

152

„Das ist ganz fies! Ich hau dir gleich mein Kissen um die Ohren!"

„Mach's doch!", lachte Bibi. „Ich bin schneller!"

Im Nu war die schönste Kissenschlacht im Gange. Vergessen waren Susanne Meyer und irgendwelche Mücken. Die wären ohnehin nicht zum Stechen gekommen, denn Bibi und Tina waren ständig in Bewegung. Schließlich aber ließen sie sich lachend und prustend auf den Rücken fallen und streckten erschöpft alle viere von sich. Dann kehrte allmählich wieder Ruhe ein. Plötzlich legte Bibi den Kopf schief, als würde sie einem Geräusch lauschen.

„Psst! Sei mal still!"

„Was ist denn? Außer dem Sirren von den blöden Mücken höre ich nichts."

„Ich habe aber was gehört. Draußen auf dem Hof. Pferdehufe!"

„Ach was!" Tina machte eine abwehrende Handbewegung. „Ich glaube, jetzt bastelst du dir ein Problem! Oder … Moment mal! Jetzt höre ich es auch. Das sind Pferdehufe."

Um diese Zeit, wo draußen schon tiefste Nacht herrschte, war normalerweise auf dem Martinshof alles ruhig. Sollten die beiden Ferienkinder Jenny und Micha einen Streich spielen und mit den Pferden etwas anstellen wollen? Wohl kaum. Die beiden waren zwar muntere und aufgeweckte Gören, aber an die goldene Martinshofregel würden sie sich bestimmt halten. Diese Regel besagte nämlich: Nachts bleiben alle in ihren Betten, um die Tiere in ihren Ställen nicht zu erschrecken. Wer es nicht tat, der durfte gleich auf eigene Kosten heimfahren. Bis jetzt hatten sich alle daran gehalten, wer also geisterte draußen herum? Das wollten Bibi und Tina nun doch wissen. Womöglich waren Pferdediebe am Werk? Sie löschten das Licht, schlüpften leise aus den Betten, verließen ebenso leise ihr Zimmer und schlichen im Dunkeln die Treppe hinunter. Bibi übte schon einmal halblaut Einbrecher-Fang-Sprüche: *„Eene meene fieser Gast, Einbrecher, du sitzt im Knast! Eene meene Dämlichkeit, Einbrecher, du kommst nicht weit!"*

„Bibi! Das nervt!", flüsterte ihr Tina zu. „Wart's doch erst mal ab. Außerdem, wenn jemand ein Pferd klauen wollte, würde er sich eins von der Koppel holen. Meinst du, der wäre so blöd und würde hier auf dem Hof seinem diebischen Handwerk nachgehen?"

„Wer weiß?" Bibi zuckte mit den Achseln. In einem Western klauten die Pferdediebe den braven Cowboys ja auch ihre rassigen Rösser direkt vor der Nase weg, während die Jungs um das Lagerfeuer herum lagerten. Allerdings umwickelten sie dabei die Hufe mit Lappen, damit man nichts hörte. „Auf jeden Fall steht da ein Pferd". Sie linste durch die einen Spaltbreit geöffnete Haustür. „Mitten auf dem Hof und mutterseelenallein."

„Mensch, Bibi! Das ist ja Knuddel! Voll gesattelt!", entfuhr es Tina. „Ich glaube, ich spinne!"

„Schrei doch nicht gleich so! Ich bin doch nicht blind! Wir haben anscheinend den Dieb gestört, es ist keine Menschenseele zu sehen. Wahrscheinlich wollte der Dieb auf Knuddel wegreiten."

156

Die Mädchen stießen die Haustür ganz auf und gingen langsam auf das Pony zu. Knuddel schüttelte unwillig den Kopf und scharrte nervös mit den Hufen. Wahrscheinlich war sie mitten aus den schönsten Pferdeträumen gerissen worden und wunderte sich, was sie hier draußen eigentlich zu suchen hatte.

Tina kümmerte sich um Knuddel, redete leise auf das Pony ein, um es zu beruhigen, und Bibi schaute unterdessen nach Snoopy. Doch Snoopy war in seiner Box. Im Stall war also alles normal.

„Der Kerl kann gerade erst das Weite gesucht haben", vermutete Tina. „Los, Bibi! Den verfolgen wir. Auf deinem Besen!"

„Einverstanden, aber erst bringen wir Knuddel wieder in ihre Box."

Doch Knuddel wollte nicht. Sie stampfte und schnaubte und hätte mit ihrem Wiehern um ein Haar alle Bewohner des Martinshofes aufgeweckt, wenn Bibi nicht zu einem Hexspruch gegriffen hätte: *Eene meene Knall und Fall, Knuddel wieder in den Stall! Hex-hex!"*

„Gut, damit wäre das auch erledigt", stellte Tina zufrieden fest. „Aber vielleicht sollte ich besser hier bleiben und Wache schieben, falls der Dieb doch noch mal zurückkommt und ..."

„Nö, nicht nötig", winkte Bibi ab. „Ich verrammle alles einbruchssicher. Pass auf: *Eene meene Meckerziegen, kein Stallschloss ist mehr aufzukriegen! Hex-hex!*"

„Halt! Stopp!", rief Tina leise. „Mist, jetzt ist es schon zu spät."

„Was ist zu spät?" Bibi schüttelte verwirrt den Kopf.

„Na, wir wollten doch auf deinem Hexenbesen fliegen. Aber wenn du alle Türen fest zugehext hast, wie sollen wir denn dann in die Besenkammer reinkommen?"

„Alles okay, Tina!" Bibi grinste. „Ich habe Kartoffelbrei da drüben an die Wand angelehnt. Ich dachte, wenn die Ponys bei dem schönen Wetter über Nacht draußen bleiben, dann könnte meinem Wuschel ein wenig frische Luft auch nicht schaden. Komm, sausen wir los!"

Bibi startete ihren Besen und legte den Flüstergang ein. Fast lautlos schwebten sie über dem Martinshof, kurvten über die Wiesen, spähten aufmerksam in den Obstgarten hinunter und umrundeten den Ententeich. Aber niemand war in dem fahlen Licht zu sehen. Weit konnte der Dieb ja noch nicht gekommen sein. Wenn es jemand aus Falkenstein war, kannte er sich in dem Gelände natürlich gut aus. Aber wer war dieser Jemand? Wer wollte denn ausgerechnet ein Gastpony aus dem Stall eines Reiterhofes klauen? Sehr mysteriös, darüber waren sich die beiden Freundinnen einig.

„Also, ich sehe von hier oben nur die Hälfte!", brummelte Bibi. „Mir ist es zu dunkel. *Eene meene Eierpampe, ich brauch jetzt 'ne Taschenlampe! Hex-hex!"*

„Prima Idee!", pflichtete ihr Tina bei, als plötzlich ein blendend heller Lichtkegel die Nacht durchschnitt. „Leuchte mal nach rechts rüber. Da! Da in dem Unterholz … Flieg tiefer … Da ist doch wer! … Nö! Fehlanzeige! War bloß ein Wildschwein, das wir beim Schnarchen gestört haben."

„Ich höre was! Jetzt ganz leise, Kartoffelbrei! Flüstergang!", befahl Bibi.

Tatsächlich war als ein grauer Schatten eine hochgewachsene Gestalt auf dem Waldweg zu erkennen, der am Rande der Lichtung entlangführte. Diese Gestalt schlich aber nicht, wie ein Dieb schleichen würde, sondern marschierte mitten auf dem Weg, brummelte vor sich hin und sang zwischendurch halblaut ein paar schräge Töne.

Tina kicherte. „Das ist der Ulli, der Knecht vom Mühlenhofbauer. Der hat heute wohl seinen Stammtisch im Dorfkrug gehabt und ist wie immer der Letzte, wenn das Wirtshaus endlich zumacht."

Tja, so aufmerksam sie das Gelände auch absuchten, das Wildschwein und der Knecht Ulli waren außer ihnen die einzigen Lebewesen, die sich zu dieser nächtlichen Stunde draußen herumtrieben. Allmählich verloren sie auch die Lust, und ihnen wurde unangenehm kühl.

„Komm, wir machen kehrt", schlug Bibi ein wenig enttäuscht vor. „Fliegen wir nach Hause. Mein Bett ruft!"

„Das kann warten", entgegnete Tina. „Erst müssen wir zur Polizei."

„Was wollen wir denn da?" Bibi starrte ihre Freundin über die Schulter leicht verdutzt an. „Was willst du denen denn sagen? Ist was gestohlen worden?"

„Fast! Um ein Haar!" Tina blieb hartnäckig. „Immerhin stand Knuddel voll gesattelt mitten in der Nacht auf dem Hof."

„Na, und? Die Polizisten werden sagen, das wäre nur ein dummer Kinderstreich gewesen. Glaubst du, die veranstalten mitten in der Nacht ein Verhör bei uns?"

„Nee, natürlich nicht", gab Tina kleinlaut zu. „Okay, das war Käse, das mit der Polizei. Es ist ja nichts passiert, und Knuddel steht wieder wohlbehalten im Stall."

„Da kannst du aber sicher sein!" Bibi lachte. „Die Schlösser kriegt nicht mal der gewiefteste Geldschrankknacker auf!"

Knuddel ist weg!

Ein kräftiges Wummern an der Tür zu dem Mädchenzimmer riss Bibi und Tina gewaltsam aus ihren süßesten Träumen. Bibi schrak hoch. Wer war das? Klopften da Einbrecher an die Tür und begehrten gewaltsam Einlass? Wollten kriminelle Elemente sie und Tina entführen, so, wie sie alle Tiere des Martinshofes entführt hatten, um ein hohes Lösegeld zu erpressen? Waren da dieselben Ganoven am Werk, die die dreizehnjährige Susanne Meyer entführt hatten? Mit Schwung zog sich Bibi die Decke wieder über den Kopf. Doch das Dröhnen an der Tür blieb.

„Bibi! Tina! Tinaaa! Wacht endlich auf, verflixt noch mal!"

162

Nanu? Seit wann machte Frau Martin mit den Einbrechern gemeinsame Sache? Bibi merkte plötzlich, dass ihr im Halbschlaf die Fantasie einen dummen Streich gespielt hatte, und da hob sich auch schon Tinas verstrubbelter Kopf aus den Federn.

„Jaaaa! Was ist denn passiert, Mutti?", murmelte sie schlaftrunken. „Warum machst du denn so einen Krach?"

„Was passiert ist?", rief Frau Martin verärgert im Flur. „Etwas, wofür nur deine geliebte Freundin Bibi verantwortlich sein kann!"

„Ich?", rief Bibi und bekam vor Schreck einen feuerroten Kopf. „Was habe ich denn gemacht?"

„Das wirst du wohl selbst am besten wissen!", kam es zurück. „Das Türschloss am Kuhstall ist nicht aufzukriegen. Alle Türen sind verschlossen: Hühnerstall, Pferdestall, Entenstall … alle! Ich musste umständlich durchs Fenster klettern!"

„Entschuldigung, Frau Martin", antwortete Bibi kleinlaut. „Ich wollte eigentlich nur das

Schloss am Pferdestall festhexen, damit niemand zu Knuddel reinkann und …"

„Knuddel! Knuddel! Schon wieder Knuddel! Von aller Frühe bis spät in die Nacht geht es hier bei uns nur um Knuddel!"

„Aber heute Nacht ist was passiert!", rief Bibi.

„Das interessiert mich jetzt nicht", sagte Frau Martin schlecht gelaunt. „Die Kühe sind überfällig, die müssen gemolken und rausgetrieben werden. Die kann ich ja wohl schlecht durch das Fenster zerren. Also schau, dass du die Sache schleunigst in Ordnung bringst, sonst passiert gleich wirklich was!"

Mit diesen Worten ging Frau Martin den Flur zurück und die Treppe hinunter.

„Mensch, Bibi", raunte Tina, die bisher kein Wort gesagt hatte. „Hex bloß die Schlösser wieder auf, sonst ist was im Busch, da kannst du sicher sein!"

„Ja, ja, sofort! *Eene meene Dauerlauf, alle Schlösser wieder auf! Hex-hex!"*

Erleichtert fielen die Mädchen in die Kissen

zurück, aber Tina sprang sogleich wieder auf die Füße.

„Jetzt aber nichts wie raus aus dem Bett! Wenn meine Mutter sauer ist und ihr schon morgens eine Laus über die Leber läuft, dann weiß ich aus eigener Erfahrung, was zu tun ist: Frühdienst auf das Perfekteste erledigen und auf keinen Fall ein zweites Mal unangenehm auffallen."

„Okay, okay! Ich beeile mich ja schon. Keine Angst, die Küche kriegen wir schon flott. Bis deine Mutter zurück ist, steht ein Frühstück auf dem Tisch, das sie an ihren letzten Muttertag erinnern wird."

So schnell ging es dann doch nicht mit dem Frühstückmachen. Bibi hantierte umständlich mit der Kaffeemaschine herum, als hätte sie so ein Ding noch nie benutzt, und Tina fielen ständig Messer und Löffel zu Boden; sie fand die Butter und den Aufschnitt nicht gleich, vom selbst gemachten Käse aus glücklicher Kuhmilch ganz zu schweigen. Und die Salami! Wo war denn bloß die gute Salami?

„Ich räume schon mal den Tisch frei", bot sich Bibi an, als das Kaffeewasser endlich durchlief. „Zeitungen, Briefe, Krimskrams … Wie bei uns daheim! Moment mal, was ist denn das?"

„Was ist was?", fragte Tina und starrte Löcher in den Kühlschrank.

„Der Zettel da auf dem Tisch. Ein Zettel und ein Fünfeuroschein."

„Lies mal vor. Vielleicht ist es ein Einkaufszettel."

„Nö, da steht bloß drauf: *Für die Salami.*" Bibi grinste und blies die Backen auf. „Mann, habt ihr aber brave Ferienkinder. Die holen sich nachts eine Wurst aus dem Kühlschrank, weil sie Kohldampf haben, und bezahlen auch noch dafür. Gute Erziehung, würde Mami sagen."

„Da kann ich die Salami lange suchen", sagte Tina trocken und machte die Kühlschranktür zu. „Gib mir mal den Zettel, den hebe ich auf für meinen Krempelkasten. Darin sammle ich alle möglichen komischen Dinge."

Schließlich war der Frühstückstisch doch

noch perfekt gedeckt, und die Mädchen betrachteten zufrieden ihr Werk.

„Ich mache mich noch ein bisschen mehr nützlich und sause kurz rüber in den Stall und sehe nach Knuddel", verkündete Bibi. „Die ist sicher noch ganz durcheinander. Als kleinen Trost", sie griff in die Obstschale, „nehme ich ihr einen Apfel mit. Oder besser zwei."

Schon war sie weg, aber bereits nach ein paar Minuten kam sie aufgeregt hereingestürzt und sprudelte wie ein Wasserfall los: „Tina! Tina! Knuddel ist weg! Als wir vorhin den Tisch gedeckt hatten, habe ich sie noch wiehern hören. Jetzt ist sie nicht mehr da! Bei Snoopy in der Box ist sie auch nicht! Sie ist weg! Weg! Das darf doch nicht wahr sein!" Verzweifelt ließ sie sich auf einen Stuhl plumpsen. „Ach, ich Rindvieh! Hätte ich doch nicht das Schloss aufgehext!"

„Na, super!" Tina nahm auf dem anderen Stuhl Platz. „Dann ist der Pferdedieb von heute Nacht gar nicht verschwunden. Er muss alles beobachtet und genau den Moment abgepasst haben, als sich die Stalltür wieder aufmachen ließ. Die Kinder!" Sie schniefte ein paar Mal und gab sich dann einen Ruck. „Es kann nur eins von den Kindern gewesen sein. Es hat sich Knuddel geschnappt und ist mit ihr los. Ich denke, da muss jetzt Mutti ran. Die soll sich die Bande mal vorknöpfen."

Das tat Frau Martin auch, als sie von dem Vorfall hörte. Ihr Ärger über die zugehexten Stalltüren war noch nicht verraucht und dann das! Noch vor dem Frühstück trommelte sie alle im Hof zusammen.

„Fehlt jemand?", fragte sie streng. Sie rief nacheinander die Namen auf, und jedes Kind antwortete brav mit „hier"!

„Tja, Mutti", sagte Tina, als sie durch waren, „mehr werden es nicht."

„Das macht die Sache noch schlimmer", meinte Frau Martin mit einem sehr, sehr ernsten Gesicht. „Ich hatte gehofft, es wäre nur ein dummer Streich gewesen, aber wie es aussieht, ist Knuddel wohl gestohlen worden."

„Den Dieb holen wir doch locker ein!",

brüstete sich das Ferienkind Micha. „Darf ich Snoopy nehmen, Frau Martin?"

„Gut, von mir aus. Aber reite nicht allein. Bibi! Tina! Ihr teilt die Kinder auf und bildet zwei Gruppen. Den Rest überlasse ich euch; ihr wisst wahrscheinlich selbst am besten, was zu tun ist. Ich gehe zurück ins Haus. Sagt mir Bescheid, wenn es etwas Neues gibt."

Nun, es sollte bald etwas Neues geben. Die beiden Kindergruppen hatten sich mit viel Begeisterung auf die Jagd nach dem Pferdedieb gemacht, aber die Jagd war nach kurzer Zeit bereits zu Ende. An der Stelle, wo der Weg vom Martinshof auf die asphaltierte Straße traf, stand eine Milchbank, und an einen der Pfosten der Bank war Knuddel angebunden. Sie schnaubte freundlich und wieherte begeistert, weil sich wieder einmal alles um sie drehte und sie plötzlich von so vielen Kindern auf einmal umringt war.

Knuddel war wieder da, schön und gut. Aber Bibi und Tina schmeckte das alles nicht so recht. Ein Geheimnis gab es noch zu

lüften – das Geheimnis des Ponydiebes! Grübelnd saßen die beiden Freundinnen nach
dem Frühstück auf den Stufen vor dem Wohnhaus und hingen ihren Gedanken nach.

Wen haben wir denn da?

„Warum starrst du eigentlich die ganze Zeit Löcher in die Luft?", unterbrach Bibi ihr Schweigen. „Steht was geschrieben in den Wolken? Wenn ja, dann lies es mir vor."

„So hoch gucke ich gar nicht", antwortete Tina. „Ich schaue nur rüber zur Scheune. Irgendwas fällt mir da auf. Sag mal, unsere geheime Kuschelhöhle auf dem Heuboden, worauf achten wir da immer?"

„Dass die Luke zu ist, damit es nicht reinregnet und das Heu nicht nass wird. He, Moment!" Bibi kniff die Augen zusammen und blinzelte gegen das Sonnenlicht. „Die ist ja offen!"

„Allerdings!" Tina stand auf. „Komm, das sehen wir uns mal näher an."

Sie schlüpften durch das große schwere Scheunentor ins Innere, wo sie die warme, staubige Luft empfing. Rasch lehnten sie die Leiter gegen die offene Luke und kletterten nach oben. Bibi sah sich prüfend um. Alles war wie sonst auch. Dennoch …

„Hier war jemand", flüsterte Bibi heiser. „Das sagt mir meine Hexennase."

„Vielleicht war er nicht nur da, vielleicht ist er sogar noch da", gab Tina ebenso leise zurück. „Lass uns bloß vorsichtig sein."

Plötzlich geriet das Heu vor ihnen in Bewegung, und aus dem Haufen heraus erklang eine zaghafte Stimme: „Bitte! Bitte! Keinen Schreck kriegen!"

„Hab ich's doch geahnt!" Tinas Herz machte einen Hopser. „Wer ist da? Kommen Sie raus! Oder komm du raus, wer es auch ist!"

Das Heu teilte sich, und mitten in Bibis und Tinas Kuschelhöhle saß ein Mädchen in roten Jeans und in einer rot gestreiften Bluse. In dem verstrubbelten rotblonden Lockenkopf steckten Grashalme.

„Was machst denn du hier?", fragte Bibi verblüfft.

„Ich will mich nur ein wenig ausruhen", kam es leise zur Antwort.

„Ein kleines Schläfchen halten, was?", fragte Tina höhnisch. „Ist ja klar, wenn man eine ganze Salami verputzt, dann muss man ja im Liegen verdauen!"

„Aber ich habe die Wurst doch bezahlt!"

„Das war natürlich hochanständig von dir", meinte Bibi freundlich. „Sehr nobel." Sie hatte sich von ihrem ersten Schrecken bereits erholt und starrte das fremde Mädchen ungeniert an. Irgendwie kam sie ihr bekannt vor. Gesehen hatte sie die Fremde allerdings vorher noch nicht, da war sie sich ganz sicher. „Du bist doch bestimmt von zu Hause abgehauen? Warum eigentlich?"

„Och, nur so. 'n bisschen Abenteuer erleben."

Na, sehr gesprächig war die Kleine ja nicht. Sie tat eher so, als wäre es ganz normal, in fremden Heuböden zu lagern, und schien obendrein gar nicht ausgefragt werden zu wollen.

„Abenteuer, ah ja", sagte Tina. „Erlebst du deine Abenteuer zu Fuß, oder klaust du dafür Pferde?"

„Pferde? Ich? Pferde klauen? Niemals! Ich ... äh ... ich gehe den ganzen Weg zu Fuß. Vor Pferden habe ich eine Mordsangst."

„Ach nee?", entgegnete Tina. „Angst vor Pferden? Hat man so was schon erlebt!"

„Das gibt sich", meinte Bibi lässig. „Wie alt bist du eigentlich?"

„Kann euch doch egal sein. Dreizehn ..."

„Und wie heißt du?" Jetzt war Tina wieder dran mit dem Fragen. „Halt, warte, ich habe ja deinen Zettel. Da steht allerdings kein Name drauf."

„Mensch, mach's doch nicht so kompliziert! Ich bin die Bibi ...", sie streckte die Hand aus, „und das ist Tina. Wer bist du?"

„Sänne ... äh ... Susanne ... Müller."

„Müller ... Müller ...", wiederholte Bibi, dann bekam sie große Augen. „He! Da klickt was bei

mir. Den Namen habe ich doch schon mal gehört. Nee, halt, das war ‚Meyer'. Na klar, die
Suchmeldung gestern Abend. Susanne Meyer, dreizehn Jahre, bekleidet mit roten Jeans
und rot gestreifter Bluse."

„Gib's zu, du bist Susanne Meyer!", platzte
Tina heraus. Das Mädchen nickte. „Weißt du
eigentlich, dass deine Eltern eine Vermiss-
tenanzeige aufgegeben haben? Susanne, du
wirst gesucht. Von der Polizei. Kapierst du?"

„Das … das wollte ich nicht!" Plötzlich standen dicke Tränen in den großen hübschen
Augen.

„Nun flenn nicht gleich los!", sagte Bibi verlegen. „Wir haben doch gar nichts gegen dich.
Aber wir können dich hier oben nicht verstecken. Du musst deine Eltern anrufen, die machen sich doch bestimmt schon irre Sorgen
um dich!"

„Ich trau mich aber nicht!" Susanne fing jetzt
tatsächlich an zu weinen. „Und der Doktor Martin ist sicher sehr streng, wie mein Vater!"

„Einen Doktor Martin kenne ich nicht",

beeilte sich Tina zu sagen. „Aber wenn du willst, können wir ja für dich anrufen."

„Ach ja, bitte!" Susanne nickte eifrig. „Gib mir den Zettel, dann schreibe ich euch die Nummer auf."

„Okay, wir sind gleich wieder da." Bibi begann bereits, die Leiter wieder hinabzusteigen. „Du wirst sehen, kein Mensch reißt dir den Kopf ab!"

Im Flur, wo das Telefon stand, war niemand zu sehen, also konnten Bibi und Tina ungestört Susannes Nummer wählen. Doch sooft sie es auch versuchten, der Anschluss war immer belegt. Kein Wunder, nach der Suchmeldung im Fernsehen liefen bei den Meyers bestimmt die Leitungen heiß. Was nun? Zur Polizei wollten die Mädchen nicht gehen. Noch nicht.

„Tja", Tina legte den Hörer wieder auf und kraulte sich ihren Haarschopf, „ich glaube, es wird Zeit, dass wir jetzt meine Mutter informieren. Sie holt bestimmt die Polizei. Ich täte es an ihrer Stelle ebenfalls."

178

„Obwohl mir Susanne natürlich leidtut und dir sicher auch", sagte Bibi. „Es muss doch einen Grund geben, warum sie von zu Hause weggelaufen ist."

„Den gibt es sicher", bekräftigte Tina. „Komm, wir gehen noch mal zu ihr, vielleicht ist sie ja jetzt gesprächiger."

Doch kaum hatten sie ein paar Schritte in Richtung Scheune gemacht, blieb Bibi plötzlich wie angewurzelt stehen.

„Knuddel! Sie ist schon wieder weg! Da drüben war sie angebunden, neben Snoopy. Aber der ist noch da."

„Susanne!", stieß Tina zornig hervor. „Die ist todsicher auf Knuddel abgehauen, diese Mistbiene! Macht hier einen auf armes Häschen! Die hat uns belogen von vorn bis hinten. Angst vor Pferden, dass ich nicht lache. Aber warte, die entkommt uns nicht. Wo ist dein Besen?"

„Mein Besen … mein Besen … Wann habe ich den zum letzten Mal benutzt?" Bibi überlegte kurz. „Ach ja, heute Nacht. Dann steht er noch in unserem Zimmer. Moment, das haben wir gleich: *Eene meene Elefant, Kartoffelbrei in meine Hand! Hex-hex!"* Im Nu war ihr Besen zur Stelle. „Los, aufsteigen! Sitzt du, Tina? Okay, dann nix wie ab! *Eene meene mei, flieg los, Kartoffelbrei! Hex-hex!"*

Die Mädchen hatten eine solche Wut im Bauch, dass sie auch ohne Besen glatt in die Luft gegangen wären. Jetzt passte alles zusammen: Susanne hatte Knuddel nachts aus dem Stall geholt, damit sie bei ihrem sogenannten Abenteuer nicht zu Fuß gehen musste. Ausgerechnet auch noch ein Gastpferd. Es war die Höhe!

„Siehst du was?", rief Tina ihrer Freundin ins Ohr, als Bibis Hexenbesen aufgestiegen war. „Ich sehe nichts. Die ist bestimmt in den Wald geflohen. Was meinst du, kannst du mit Kartoffelbrei so weit runtergehen, dass wir zwischen den Bäumen hindurchfliegen können?"

„Lieber nicht", wehrte Bibi ab. „Das ist mir zu gefährlich."

„Dann bleibt eben nur reiten, auch wenn es uns Zeit kostet und Susanne und Knuddel einen

ordentlichen Vorsprung herausholen", stellte Tina fest.

„Du sagst es. Aber was sollen wir sonst tun? *Eene meene mei, zurück, Kartoffelbrei! Hex-hex!"*

Susanne und Knuddel

War das wieder eine Hektik! Kaum hatte Kartoffelbrei den Boden berührt, sprangen Bibi und Tina auch schon ab und flitzten hinüber zum Pferdestall und in die Sattelkammer. Wo war das Zaumzeug für Amadeus und Sabrina? Da drüben. Wer hatte es dort hingelegt, da gehörte es doch gar nicht hin?! Na, egal. Rauf mit den Sätteln auf die Pferderücken, die Gurte unter den Bäuchen festgezurrt. Amadeus und Sabrina schnaubten verwirrt, als sie ins Freie gezerrt wurden, und Snoopy ließ sich von der allgemeinen Verwirrung obendrein anstecken. Er wieherte und stieg auf die Hinterläufe. Na, das fehlte gerade noch, dass er sich losriss und auch noch eingefangen werden musste.

„Sabrina, Schätzchen! Lauf, was du kannst!",
feuerte Bibi ihre Stute an. „Heute geht es zwar
nicht darum, wer von euch beiden schneller
ist, aber es steht trotzdem was auf dem Spiel.
Wir kriegen sie!", rief sie zu Tina hinüber, die
neben ihr galoppierte. „Weit kann sie auf der
Shettystute mit ihren kurzen Beinen nicht gekommen sein. Vielleicht kann das Mädchen ja
auch gar nicht reiten."

„Das wäre natürlich eine Möglichkeit und
Glück für uns! Lass uns doch am besten gleich
in Richtung Steinbruch reiten", schlug Tina vor.
„Da zieht es alle Pferde hin, die riechen schon
auf Kilometer die wilden Kräuter dort."

Doch leider: Fehlanzeige. Knuddel schien
sich aus wilden Kräutern nichts zu machen.
Sie standen noch unberührt da, gleich bü-
schelweise.

„Nein, Amadeus! Jetzt wird nicht gefressen!"
Tina zog an den Zügeln des Hengstes. „Ein an-
dermal. Du, Bibi, ich nehme stark an, dass unsere Susanne besser reitet, als wir denken."

„Das glaube ich inzwischen auch", stimmte

Bibi zu. „Dann müssen wir eben rüberreiten zur Alten Mühle. Ein Pferd, das ein flottes Tempo vorlegt, würde da sicher gern Wasser saufen, und für jemanden auf der Flucht ist die Mühle obendrein ein prima Versteck."

„Gut kombiniert, Frau Detektivin!", lobte Tina. „Worauf warten wir also noch? Ab zur Mühle, dort erwischen wir die beiden bestimmt! Los, Sabrina!"

Wieder Fehlanzeige. Es war zum Aus-der-Haut-Fahren! So gründlich sie auch das alte Gebäude durchsuchten, nirgendwo, auch nicht am Teich oder im Gras der verwilderten Wiesen, waren die Abdrücke von Hufen oder frische Pferdeäpfel zu sehen.

„Jetzt bin ich wirklich mit meinem Latein am Ende!" Tina seufzte. „Und meine Mutter weiß immer noch nichts von dem ganzen Schlamassel. Wie soll ich ihr das bloß beibringen? Die reißt mir den Kopf ab!"

„Immer mit der Ruhe. Lass mich mal weiterkombinieren." Bibi runzelte die Stirn. „Es muss ja nicht immer gleich beim ersten oder zweiten

Mal klappen. Sag mal, hast du eigentlich noch den Zettel vom Küchentisch?"

„Ja, hier." Tina kramte in ihrer Westentasche zog den etwas zerknüllten Zettel hervor und faltete ihn auseinander. Bibi betrachtete ihn aufmerksam.

„Für die … He! Blümchen!"

„Was ‚Blümchen'? ‚Für die Wurst' steht da."

„Das sehe ich selbst, lesen kann ich nämlich schon. Nein, guck mal! Bei dem ‚Für' sind statt der ü-Strichelchen kleine Blümchen gemalt."

„Mensch!" Jetzt fiel bei Tina der Groschen: „Auf dem Brief, den Knuddel um den Hals trug, hatte das ‚Für' von ‚Für die Pfleger meines Lieblings' auch diese Blümchen. Das bedeutet …"

„… dass Susanne Meyer die Besitzerin von Knuddel ist!", beendete Bibi triumphierend den Satz. „Meine Güte, haben wir aber eine lange Leitung!"

Jetzt war endlich der Knoten aufgegangen, und alles, was vorher so verworren ausgesehen hatte, passte wunderbar zusammen.

Deshalb hatte Susanne auch den Doktor Martin erwähnt, den Bibi am Telefon erfunden hatte. Wer außer ihnen und der Besitzerin von Knuddel konnte den Namen kennen? Tja, so einfach löste sich das Problem.

„Bin ich aber froh!" Tina schnaufte tief durch. „Dann ist Knuddel ja gar nicht geklaut worden, und meine Mutter hat keinen Ärger am Hals. Aber finden müssen wir die beiden trotzdem."

Doch wo suchen? Höhlen gab es in der Nähe keine, bei der Kiesgrube konnte sich niemand verstecken, blieben also bloß noch ein paar einsame Heuschober, die verstreut zwischen den Wiesen lagen. Die beiden Mädchen hätten wohl irgendwann ihre Suche abgebrochen, wenn ihnen nicht der Zufall in Gestalt eines gescheckten Ponys sozusagen über den Weg gelaufen wäre.

„Tina! Stopp!" Bibi zügelte Sabrina und deutete auf einen Feldweg, der in einiger Entfernung an einem Kornfeld vorbeiführte. „Sieh doch bloß mal, wer da drüben rennt!"

„Und ob ich das sehe!", rief Tina. „Mensch,

das ist doch unser Snoopy. Er muss sich losgerissen haben und sucht jetzt bestimmt seine neue Flamme Knuddel. Komm, wir reiten ihm hinterher, vielleicht führt er uns ja direkt ins Ziel!'

Und tatsächlich, Tina sollte recht behalten. Snoopy hatte wohl mit seinen empfindlichen Nüstern Knuddels Duft gewittert und rannte auf kürzestem Weg zur alten Scheune des Mühlenhofes. Das war kein schlechtes Versteck, denn der Mühlenhofbauer bewirtschaftete seinen Hof nicht mehr regelmäßig und ließ sich auf seinem Anwesen kaum noch sehen. Snoopy trabte geradewegs in die Scheune hinein, und gleich darauf war fröhliches Wiehern aus zwei Ponykehlen zu vernehmen. Im nächsten Moment kamen sie auch schon herausgerannt, beknabberten gegenseitig ihre Hälse und führten sich in ihrer Wiedersehensfreude so vergnügt auf, als hätten sie sich seit Jahren aus den Augen verloren und nun endlich wiedergefunden. Dann kam auch Susanne heraus.

„Knuddel! Komm zurück! Bleib bei mir! Knuddel!", rief sie verzweifelt und ruderte aufgeregt mit den Armen. Dann sah sie die beiden Mädchen, die langsam auf sie zuritten, und erstarrte. Tränen schossen ihr in die Augen, und schluchzend stieß sie hervor: „Lasst mich doch endlich in Ruhe! Und der Ponyhengst soll auch abhauen! Er soll meine Knuddel in Ruhe lassen! Das ist meine Knuddel!"

„Reg dich wieder ab!", meinte Bibi begütigend. „Die läuft dir schon nicht weg. Sei doch froh, wenn sie ein bisschen Spaß hat. Es ist doch schön, wenn die beiden Ponys herumtoben und sich wohlfühlen."

„Wenn Knuddel nicht bei mir ist, bin ich aber ganz allein."

„Ach, Quatsch!" Bibi war abgestiegen und hatte freundlich den Arm um Susannes Schulter gelegt. „Das denkst du doch bloß, weil du gerade nicht mehr weiterweißt."

„Ich habe euch ...", Susanne zog geräuschvoll die Nase hoch, „ich habe euch angelogen."

„Ich weiß", sagte Tina ungerührt. „Das haben wir längst bemerkt, wir sind ja nicht dumm. Knuddel gehört dir, und deine Eltern haben sie zu uns in Pension gegeben. Wir wissen bloß nicht genau, warum."

„Weil ich mal für eine Weile von ihr getrennt sein soll. Darum."

„Warum denn das?", fragte Bibi verwirrt. „Warum habt ihr das Pony denn nicht mit in euer Ferienhaus genommen?"

„Weil mein Vater sagt, ich würde zu sehr an Knuddel hängen und für nichts anderes mehr Zeit haben. Er wollte, dass ich auch mal für ein paar Wochen mit ihm und meiner Mutter zusammen bin."

„Aha, und da bist du vor lauter Sehnsucht nach deinem Pony durchgedreht und abgehauen", sagte Bibi. „Richtig?"

Susanne nickte wortlos.

„Irgendwo kann ich dich ja verstehen", gab Tina bereitwillig zu. „Dein Shetty ist wirklich das süßeste Pony, das ich kenne."

„Stimmt!" Susanne nickte heftig mit dem

Kopf und begann unter Tränen zu lächeln. „Knuddel ist ja so verschmust, und ich bin auch furchtbar verschmust. Meine Mutter sagt immer, ich wäre eine richtige Schmusebacke. Deshalb brauche ich Knuddel, und Knuddel braucht mich. Ich habe doch sonst niemanden zum Knuddeln. Auch wenn ich schon dreizehn bin, was zum Knuddeln braucht doch jeder, oder?"

„Natürlich", antwortete Tina. „Das ist ja auch ganz okay. Aber jetzt kannst du wieder aufhören zu weinen. Ist ja alles in Ordnung."

Für Tina sagte sich das so leicht, aber Susanne fand gar nicht, dass alles in Ordnung war. Ja, sie war richtig eifersüchtig auf Snoopy, und vor allem war sie eifersüchtig auf die Ferienkinder vom Martinshof. Aus einem sicheren Versteck heraus hatte sie beobachtet, wie Knuddel von allen geherzt und geknuddelt wurde und alle in das braune Shetty regelrecht verliebt waren. Knuddel gehörte ihr, ihr allein, und sie wollte ihre Liebe mit niemandem teilen.

194

Es brauchte eine ganze Weile, bis Bibi und Tina das Mädchen davon überzeugen konnten, dass ihr niemand ihre heiß geliebte Knuddel wegnehmen wollte, und es brauchte noch ein gutes Stück an Überredung, bis Susanne endlich einwilligte, mit ihnen zurück zum Martinshof zu reiten.

„Ich weiß nicht ...", druckste sie verlegen herum. „Meine Eltern ... Ich habe einen mordsmäßigen Bammel vor ihnen."

„Tja, ein bisschen Theater wird es schon geben", meinte Bibi. „Du bist ja schließlich auch ausgerissen, und die halbe Welt sucht immer noch nach dir. Aber das überstehst du schon, da musst du einfach durch. Wir sind ja bei dir, vielleicht können wir ein gutes Wort für dich einlegen."

Ein neuer Feriengast

Auf dem Martinshof gab es natürlich ein großes Hallo, als die kleine Karawane mit Amadeus, Sabrina, Snoopy und Knuddel eintraf. Knuddel wurde sofort von den Kindern umringt und genoss es, wieder einmal im Mittelpunkt zu stehen.

Susanne war das gar nicht recht. Sie sah dem ganzen Zirkus missmutig zu, aber sie war schon ein ganz, ganz kleines bisschen weniger eifersüchtig als das letzte Mal.

Frau Martin schlug die Hände über dem Kopf zusammen, als ihr Bibi und Tina die ganze Geschichte in allen Einzelheiten schilderten. Was alles passieren konnte, wenn man diese Kinder allein ließ! Eine von der Polizei gesuchte

196

Ausreißerin! Ein gestohlenes Gastpferd! Der helle Wahnsinn!

„Darauf brauch ich erst einmal eine Tasse Kaffee!", meinte sie trocken und steuerte die Küche an. „Und du, Kind", sie wandte sich an Susanne, „hast bestimmt auch Hunger und Durst. Eine Salami hält ja auch nicht lange vor, oder?"

Susanne nickte dankbar, und Bibi und Tina fanden die Gelegenheit passend, gleich den Apfelkuchen anzuschneiden, der eigentlich für den Nachmittag vorgesehen war.

„So, mein Kind", sagte Frau Martin und lehnte sich nach den ersten Schlucken Kaffee entspannt in ihrem Stuhl zurück. „Und nun das Wichtigste überhaupt: Du wirst jetzt deine Eltern anrufen!"

„Ich habe aber Angst davor. Echt Angst!" Susanne schaute ganz betrübt aus der Wäsche.

„Ach so, auf einmal?", erwiderte Frau Martin. „Du hast aber deine Angst auch überwunden, als du abgehauen bist und auf einem

wildfremden Bauernhof übernachten muss-
test. Nein, Susanne, kneifen gilt nicht. Aber ich
mache dir einen Vorschlag: Von uns aus musst
du nicht in das Ferienhaus zurück. Sag deinen Eltern, dass du bei uns auf dem Martinshof bleiben kannst. Wir sind zwar voll bis unter
das Dach …"

„… aber wir könnten eine Matratze in unser
Zimmer legen!", ergänzte Tina schnell.

„Au ja! Toll! Du schläfst bei uns im Zimmer!"
Bibi war Feuer und Flamme. „Dann hex ich dir
was vor, und auf Kartoffelbrei nehme ich dich
auch mal mit!"

„Langsam! Langsam!", wehrte Frau Martin
ab. „Deine Eltern müssen natürlich einverstanden sein. Wenn sie Ja sagen … was hältst du
von der Idee?"

„Wow!" Susanne machte große Augen. „Ich
kann wirklich die ganzen Ferien über bei meiner Knuddel sein?"

„Ich habe nichts dagegen", antwortete Frau
Martin schmunzelnd. Sie hatte in ihrem Leben ja
schon viele pferdebegeisterte Mädchen erlebt,

aber diese Susanne Meyer schoss wirklich den Vogel ab! „Du musst dein Pferd natürlich selbst versorgen und pflegen."

„Ja, natürlich. Klar. Das mache ich gern. Ich liebe die Arbeit im Stall. Ich versorge auch gern die anderen Pferde und …"

„Aaach", meinte Bibi gedehnt, „das trifft sich ja gut. Dann kannst du mir gleich das Pferd abnehmen, das diese Woche auf meinem Dienstplan steht."

Tina runzelte die Stirn. Dienstplan? Einen Dienstplan gab es doch gar nicht auf dem Martinshof. Jeder machte die Arbeit, die gerade anfiel. Das war schon immer so, und es funktionierte meistens reibungslos. Na, da hatte Bibi die Besitzerin von Knuddel ja ganz schön reingelegt.

„Natürlich, klar. Das mache ich gern! Welches Pferd ist es denn?", fragte Susanne.

„Snoopy!", antwortete Bibi.

Enttäuschung breitete sich auf dem Gesicht von Susanne aus. Aber wenn sie es sich recht überlegte, dann fand sie den lustig gescheckten

Zirkushengst doch ganz nett, und außerdem war er ja der liebste Spielkamerad von ihrer Knuddel.

„Aber jetzt", Frau Martin rückte ihren Stuhl nach hinten und stand auf, „jetzt rufst du deine Eltern an, Susanne! Ich weiß, es wird unangenehm sein, und es werden harte Worte fallen und auch Tränen fließen."

„Können Bibi oder Tina nicht für mich …?", machte Susanne einen neuen Anlauf. „Ach bitte!"

„Nein, können sie nicht!", lehnte Frau Martin ab. „Da bin ich dagegen. Voll dagegen, wie es bei euch so schön heißt. Es wäre doch echt ätzend, wenn andere die Suppe auslöffeln müssten, die du dir eingebrockt hast!"

„Voll dagegen? Echt ätzend?" Tina pfiff anerkennend durch die Zähne. „Mutti, wo hast du denn diese Ausdrücke her?"

„Echt stark!" Auch Bibi war schwer beeindruckt.

Susanne gab sich einen Ruck und wählte mit zitterndem Finger die Nummer ihrer Eltern in

202

deren Ferienhaus. Bibi, Tina und Frau Martin zogen sich zurück. Das war ein Privatgespräch, das ging sie nichts an.

Als Susanne aber nach ein paar Minuten wieder aufkreuzte und strahlte, als wären Ostern, Weihnachten und ihr Geburtstag auf einen Tag gefallen, da war die Sache klar.

Susanne durfte bleiben!

Der Pferdegeburtstag

nach Ulf Tiehm

Die Kräuterfrau

Ein wolkenloser Himmel wölbte sich über dem
Falkensteiner Forst. Sanft wiegten sich die Ge-
treidefelder im Sommerwind, und auf den Wiesen wuchsen Gras und Blumen um die Wette.
Eine trockene Hitze lag über dem Land, nur im
Wald war es kühl und schattig. In den Hecken
am Wegrand summten die Bienen und Hummeln, und in den hohen Bäumen erklang leises
Vogelgezwitscher. Kein lautes Geräusch störte
die Stille des Mittags.

Da ertönte aus der Ferne leises Hufgetrappel.
Es wurde lauter, und dann kamen auf einem
Hohlweg zwei junge Reiterinnen im Galopp
angeritten.

„Meine Sabrina ist heute toll in Form!", rief

207

Bibi ihrer Freundin Tina zu. Ihr erhitztes Gesicht strahlte vor Freude über den gemeinsamen Ausritt. Sie tätschelte der Stute den Hals und lobte sie. „Du bist wirklich gut, meine Süße!"

„Du aber auch!", fand Tina. „Für den ersten Ferientag machst du dich gar nicht schlecht, Bibi!"

„Ich habe ja zu Hause immer vom Wettreiten geträumt", antwortete Bibi. „Das übt auch!"

„Du Glückliche!" Tina seufzte. „Ich träume immer nur von der Mathestunde. Aber wenn du so viel geübt hast, dann kannst du es gleich mal beweisen. Willst du?"

„Na klar!" Bibis Antwort kam wie aus der Pistole geschossen. „Fliegender Start?"

Tina nickte.

„Okay!", rief sie. „Vom Wegweiser bis zu der Alten Eiche am Waldrand!"

Der „Fliegende Start" stellte für Pferd und Reiterin eine besondere Herausforderung dar. Sie hatten an der Stelle, wo das Rennen begann, schon volles Tempo drauf, und Tinas Hengst und Bibis Stute mussten sich auf dem letzten Stück der Strecke noch einmal gewaltig anstrengen.

„Los, lauf, Amadeus!"

„Tempo, Sabrina!"

Die Mädchen spornten ihre Pferde an. Sie passierten den Wegweiser, und im scharfen Galopp ging es querfeldein und weiter auf den Wald mit der Alten Eiche zu. Tina lag auf den letzten fünfzig Metern in Führung und rief schon „Sieger! Sieger!", da griff Bibi fest in die Zügel und parierte ihr Pferd durch.

Sie hatte vor sich im hohen Gras am Rand einer Wiese eine gebückte, alte Frau gesehen. Ein paar Sekunden später, und es wäre ein Unglück geschehen …

Auch Tina hatte die Frau entdeckt und noch im letzten Moment ausweichen können.

„Verflixte Gören!!!"

Die alte Frau richtete sich auf und schüttelte die Faust nach den Mädchen. „Könnt ihr nicht aufpassen?", schimpfte sie. „Nicht mal mehr hier draußen ist man seines Lebens sicher. Ihr kommt dahergeritten wie die wilde Horde!"

„Entschuldigung!", sagte Bibi freundlich. „Wir haben Sie leider nicht gesehen."

„Ehrlich nicht!", bekräftigte Tina. „Sie standen ganz plötzlich vor uns. Es ist doch hoffentlich nichts passiert, oder?"

„Nichts passiert? Natürlich ist was passiert!", erwiderte die alte Frau. „Alle meine Kräuter sind zertrampelt. Ihr dummen Gänse habt keine Achtung vor der Natur!"

„Ich habe doch schon ‚Entschuldigung' gesagt", wandte Bibi zerknirscht ein. „Aber warten Sie", sie machte Anstalten, von ihrem Pferd abzusteigen, „wir helfen Ihnen …"

„Untersteht euch!", kam die barsche Antwort. „Dann zertrampelt ihr mir ja noch mehr!"

Doch Bibi ließ nicht locker. Wozu war sie eine kleine Hexe?

„Ich weiß was Besseres", sagte sie. *„Eene meene Sternendeuter, steht wieder da, kaputte Kräuter! Hex-hex!"*

Sternchen blitzten, Funken sprühten, und im Nu standen die niedergetrampelten Gräser und Blumen wieder kerzengerade.

„Alles in Ordnung!", erklärte Bibi fröhlich. „Sind Sie jetzt immer noch sauer?"

Doch die Frau brummelte nur „Passt in Zukunft besser auf!", schulterte ihr Bündel mit den gesammelten Kräutern, und ging langsam und gebückt davon. Die Mädchen starrten ihr schweigend nach, bis sie hinter der nächsten Biegung des Weges verschwand.

„War das ein Waldgeist?", fragte Bibi kichernd.

„Und ob!", gab Tina zur Antwort. „Das war sogar ein echter Kräuterhexenwaldgeist!"

„Die Stelle hier muss ich mir für Mamis nächsten Besuch merken." Bibi ließ ihren Blick über die Waldwiese des Falkensteiner Forsts schweifen. „Die ist ganz wild auf seltene Kräuter. Und Unmengen von Blumen gibt es hier! Die meisten von ihnen kenne ich gar nicht."

„Frag mich, wenn du was wissen willst. Pflanzenkunde ist ein Hobby von mir", bot sich Tina an und stieg von ihrem Pferd. „Komm, das ist hier genau die richtige Stelle. Du pflückst langstielige Blumen für die Sträuße, ich pflücke kurze für die Tischgirlanden." Gleich darauf war auch Bibi abgesessen, und gemeinsam suchten sie die schönsten Wiesenblumen. Sie waren als Schmuck für den Kaffeetisch zu Hause auf dem Martinshof gedacht. Tinas Mutter feierte nämlich heute Geburtstag.

Das nächste Rennen kommt bestimmt!

In kurzer Zeit hatten Bibi und Tina zwei riesengroße Blumensträuße gepflückt. Sie breiteten zwei Tücher auf dem Boden aus, legten die Blumen darauf und knüpften die Tücher an den Enden zusammen. Das mit den Tüchern war Tinas Idee gewesen. So wurden die Blumen beim Heimritt nicht zerdrückt.

„Wollen wir trotzdem um die Wette reiten?", fragte Bibi, als sie wieder auf ihren Pferden saßen. „Eine kleine Revanche muss schon sein."

„Aber die schönen Blumen", gab Tina zu bedenken.

„Ach was, keine Bange! Denen passiert schon nichts!", beruhigte Bibi ihre Freundin.

215

„Pass auf: *Eene meene Kaffeetisch, die Blumen bleiben duftig frisch! Hex-hex!"*

„Gut!" Tina lachte. „Dann aber genau wie vorhin. Fliegender Start!"

„Einverstanden", sagte Bibi. „Im Schritt von hier bis kurz vor dem Wegweiser, dort Fliegender Start und dann ohne Halt bis zu eurem Hoftor."

„Im Schritt ist gut", meinte Tina. „Der Kräuterfrau wäre es sicher auch lieber, wenn wir hier noch nicht losreiten."

„Schade, dass sie dich soeben nicht gehört hat." Bibi lachte. „Dann hätte sie bestimmt eine bessere Meinung von uns beiden."

Zur selben Zeit näherten sich von Schloss Falkenstein her zwei männliche Personen auf ihren Pferden. Im Gegensatz zu Bibi und Tina legten sie ein ziemliches Tempo vor. Als der Wegweiser in Sicht kam, rief der jüngere der beiden Männer dem anderen zu: „Na, dann zeig doch mal, was deine Cleopatra draufhat, Vater!"

„Unsinn, Alexander!", antwortete Graf Falko

von Falkenstein barsch seinem Sohn. „Wir werden uns doch hier kein Wettreiten liefern."

„Warum denn nicht?" Der junge Graf lachte übermütig. „Hast du vielleicht Angst, dass sich deine neue Araberstute von meinem Maharadscha abhängen lässt?"

„Cleopatra? Nie im Leben!" Graf Falko von Falkenstein war sich seiner Sache sicher. „Aber wir können doch nicht mitten auf der Straße ... Ich bitte dich, mein Junge! Was sollen denn die Leute denken?"

„Welche Leute?" Alexander blickte sich um. „Ich sehe weit und breit keine Leute. Und wenn schon, wir haben es schließlich eilig! Pass auf!" Er überhörte den Protest seines Vaters einfach. „Wir machen einen Fliegenden Start. Ab dem Wegweiser gilt es. Ziel ist das Tor des Martinshofes."

Der Graf überlegte kurz. Sollte er oder sollte er nicht? Er war zwar nicht mehr der Jüngste, aber noch ein guter Reiter, und es reizte ihn, an der Seite seines Sohnes einmal richtig durch seinen Forst zu jagen. Er nickte Alexander zu, rief

„Einverstanden!" und feuerte seine Stute an. Alexander gab seinem Hengst Schenkeldruck, und gleich darauf preschten die beiden Reiter auf den Wegweiser zu.

Von der anderen Seite näherten sich Bibi und Tina. Für beide Paare war der Wegweiser das Startmal. Graf Falko von Falkenstein und sein Sohn und die beiden Freundinnen Bibi und Tina ritten nun aufeinander zu, lenkten ihre Pferde in die Kurve – Vater und Sohn nach links, Bibi und Tina nach rechts –, und zu viert donnerten sie dicht an dicht über die breite Straße dem Martinshof entgegen. Es war ein spannendes Rennen, dessen Ausgang bis auf die letzten Meter offen blieb. Schließlich passierten Bibi und der Graf gemeinsam das Tor, eine knappe Pferdelänge vor Tina und Alexander.

Bibi und der Graf rissen vor Freude über ihren Sieg die Arme hoch und ließen ihre Pferde in Trab fallen.

„Zwischen uns beiden steht's jetzt eins zu eins!", rief Tina ihrer Freundin zu.

Bibi nickte dem Grafen anerkennend zu.

„Gar nicht schlecht, Hoheit!", lobte sie ihn. „Sie sind super geritten!"

„Ich muss dir das Kompliment zurückgeben", erwiderte der Graf und wischte sich mit seinem seidenen Einstecktuch den Schweiß von der Stirn. „Nicht schlecht, Bibi!"

„Aber ihr habt nur ganz, ganz knapp gewonnen!", wandte Alexander ein.

„Tja, die beiden Stuten waren eben besser als die Hengste!", rief sein Vater und lachte.

„Ach, das war reine Höflichkeit!", winkte Tina ab. „Die Hengste haben nämlich …"

Die Diskussion über Wenn und Aber wäre bestimmt noch weitergegangen, wenn Frau Martin die Reitergesellschaft nicht unterbrochen hätte. Sie war vor die Haustür getreten und schüttelte halb amüsiert, halb erstaunt den Kopf

„Hey! Hallo, meine Herrschaften!", rief sie. „Ich bin auch noch da!"

Graf Falko von Falkenstein wurde verlegen. Schnell saß er ab und eilte auf Tinas Mutter zu.

„Entschuldige, Susanne!", sagte er. „Mein Auftritt ist unmöglich, aber der Sportsgeist ist wieder einmal mit mir durchgegangen." Er machte eine leichte Verbeugung, nahm Frau Martins Hand und deutete einen eleganten Handkuss an. „Herzlichen Glückwunsch zum Geburtstag!"

„Von mir auch herzlichen Glückwunsch!" Alexander trat neben seinen Vater und gab dem Geburtstagskind die Hand.

„Danke, Falko! Danke, Alex! Nett, dass ihr gekommen seid." Frau Martin machte eine einladende Handbewegung. „Und nun kommt rein in die gute Stube. Euer kostbares Geburtstagsgeschenk steht schon mitten auf dem Kaffeetisch. Vielen, vielen Dank, ich war ganz überwältigt!"

„Gut, dass wir die Vase vorab geschickt haben", meinte der Graf lachend. „Den Ritt eben hätte sie bestimmt nicht heil überstanden."

Bei dem Wort „Vase" zuckten Bibi und Tina zusammen. Die Blumen! Sie mussten ja noch die Kaffeetafel mit den Wiesenblumen dekorieren.

221

Wie sollten sie das so schnell jetzt schaffen, schließlich waren Amadeus und Sabrina ja auch noch zu versorgen?! Doch zur Feier des Tages durfte Bibi hexen. Ihr hexischer Tischschmuck wurde von allen gelobt, doch noch mehr gelobt wurde der köstliche Geburtstagskuchen, den Frau Martin gebacken hatte.

Als der letzte Tropfen Kaffee getrunken und der letzte Krümel Kuchen verputzt waren, drängte der Graf langsam zum Aufbruch.

„Es war ein außerordentlich schöner Nachmittag, liebe Susanne", sagte er. „Herzlichen Dank für die Einladung. Die Zeit ist wieder einmal wie im Flug vergangen. Aber jetzt müssen wir uns auf den Heimweg machen. Es warten noch ein paar dringende Geschäfte im Schloss, die ich heute noch erledigen muss. Leider, leider."

„Dann danke ich euch für euren Besuch", meinte Frau Martin und erhob sich, „und wünsche euch noch einen guten Heimritt."

„Sagen Sie, Herr Graf", Tina zwinkerte Graf von Falkenstein verschmitzt zu, „wie wäre es mit einer Revanche? Für Alex und für mich?"

„Noch ein Wettreiten?" Graf Falko von Falkenstein hob abwehrend die Hände. „Nein, Kind, da müsst ihr leider auf mich verzichten."

Die Mädchen versuchten, ihn mit Bitten und Betteln zu überreden, doch der Graf zog einen gemütlichen Ritt nach Hause vor. Aber weil es so ein gelungener Nachmittag gewesen war und er sich in so guter Stimmung befand, machte er ein Angebot. „Sagen wir ... beim nächsten Geburtstag!"

„Eeeecht?", fragten Bibi und Tina wie aus einem Mund.

„Jawohl. Beim nächsten Geburtstag. Ein Mann – ein Wort!"

Auch Pferde haben Geburtstag

An ihrem Geburtstag war Frau Martin natürlich von all ihren Haushaltspflichten befreit, und neben den Stallarbeiten erledigten Bibi und Tina auch noch die gesamte Arbeit im Haus. Die Wettritte waren obendrein ganz schön anstrengend gewesen, und so fielen die beiden am Abend todmüde in ihre Betten. Bevor sie jedoch das Licht löschten, mussten sie noch etwas Wichtiges besprechen: Wer hatte als Nächster Geburtstag?

Tina ging in Gedanken ihre Familie durch, aber das Ergebnis war enttäuschend.

„Die meisten hatten schon Geburtstag, und bei den anderen dauert es noch ewig, bis sie dran sind."

„So ein Mist!", ärgerte sich Bibi. „Jetzt hat der Graf zu dem Wettreiten Ja gesagt, aber wir haben nichts davon, weil kein Geburtstag in Aussicht ist."

„Ich glaube, der hat das genau gewusst", vermutete Tina.

„Das glaube ich auch", pflichtete ihr Bibi bei. „Ich habe aber keine Lust, noch ewig zu warten!'

„Ich glaube, da wird uns ... Uaaaah!" Tina gähnte herzzerreißend. „Da wird uns wohl gar nichts anderes übrig bleiben. Komm, lass uns jetzt schlafen. Vielleicht fällt uns ja morgen etwas ein."

Tina löschte das Licht. Draußen rauschte der Wind leise in den Bäumen, und ab und zu schrie ein Käuzchen.

„Ich hab's!", rief Bibi plötzlich.

„Was? Was hast du?" Tina, die bereits im Halbschlaf gelegen und schon ein bisschen geträumt hatte, fuhr hoch.

„Alexanders Vater hat nur ‚Geburtstag' gesagt", antwortete Bibi. „Der nächste Geburtstag könnte doch auch ein Tiergeburtstag sein. Ein Pferdegeburtstag!"

„Ha, ha, ha!", erwiderte Tina ironisch. Doch plötzlich wurde sie munter. „Doch! Na klar! Warum eigentlich nicht? Das ist eine Wahnsinnsidee! Weißt du was, Bibi? Gleich morgen früh stellen wir eine Pferdegeburtstagsliste auf!"

Am nächsten Tag gingen sie nach dem Frühstück in den Stall und versuchten herauszufinden, wann welches Pferd Geburtstag hatte. Leider vergeblich. Also würden sie sich die Arbeit machen und im Büro in Frau Martins geschäftlichen Unterlagen nachsehen müssen. Das war den beiden natürlich zu mühsam und obendrein langweilig, deshalb kürzte Bibi das Verfahren ab.

„Eene meene buntes Bild, für jeden ein Geburtstagsschild! Hex-hex!"

Ohhh! Plötzlich sah die Stallgasse mit den Boxen rechts und links viel freundlicher aus. Über jeder Boxentür prangte ein hübsch verziertes Namensschild und unter dem Namen richtige Schmucktafeln!

„Die halten leider nicht lange", gestand Bibi.

„Macht nichts. Auf jeden Fall sehen sie klasse aus. Die muss sich Mutti unbedingt ansehen. Vielleicht lässt sie solche Schilder anfertigen, wenn sie ihr gefallen."

„Als Andenken für die Ferienkinder vielleicht?"

„Gute Idee, wir werden es ihr vorschlagen. Aber jetzt ...", Tina begann langsam die Stallgasse abzuschreiten, „wollen wir mal sehen, wer denn nun als Erster Geburtstag hat."

Bibi folgte Tinas Beispiel. Sie nahm die linke Seite, ihre Freundin die rechte.

„Amadeus nicht ...", murmelte Bibi, „und Sabrina auch nicht ... Schade!"

„He! Da! Komm mal her!", rief Tina plötzlich. Bibi eilte zu der Box, vor deren Tür Tina stand.

„Die Ponyzwillinge Max und Moritz! In fünf Tagen! Aber viel Zeit zum Vorbereiten bleibt da nicht", fügte sie aufgeregt hinzu.

„Ach was!" Bibi sah das Ganze lockerer als Tina. „Das reicht dicke. Hauptsache, deine Mutter erlaubt uns die Geburtstagsparty."

„Was denn für eine Geburtstagsparty?"

Bibi und Tina drehten sich erschrocken um. Vor ihnen stand Frau Martin. Die beiden waren so mit ihrem Pferdegeburtstag beschäftigt gewesen, dass sie Tinas Mutter gar nicht hatten kommen hören.

Sie erzählten ihr von Bibis Idee, einen Pferdegeburtstag zu feiern, damit sie erneut gegen Graf von Falkenstein ein Wettreiten veranstalten konnten. Frau Martin musste darüber herzhaft lachen.

„Na, dann bin ich mal gespannt, ob ihr den Grafen herumkriegt. Ich drücke euch die Daumen. Und das mit dem Pferdegeburtstag geht in Ordnung. Das ist eine lustige Abwechslung für unsere Ferienkinder."

Bibi und Tina stießen sich vergnügt an und strahlten.

Jetzt erst bemerkte Frau Martin die neuen Namensschilder über den Stallboxen. Sie wusste natürlich gleich, dass Bibi dahintersteckte, aber sie gefielen ihr so gut, dass sie beschloss, Tinas Bruder Holger mit der

Anfertigung richtiger, dauerhafter Namensschilder für die Pferde zu beauftragen.

Die Mädchen freuten sich so auf den doppelten Pferdegeburtstag, dass sie gleich damit begannen, eine Gästeliste zu erstellen. Doch schon bei dem ersten Pferd, das ihnen einfiel, gab es Probleme.

Die Bäuerin vom Weidenhof

„Auf jeden Fall müssen wir die Mutter von Max und Moritz einladen!", entschied Tina.

„Genau!", stimmte Bibi ihr zu. „Die stolze Mama soll doch am Ehrentag ihrer Kinder dabei sein."

„A so, nun macht mal einen Punkt! Man kann es auch übertreiben." Tinas Mutter wusste nicht, ob sie lachen oder sich ärgern sollte. „So ein Unfug!"

„Aber, Mutti!", erwiderte Tina leicht empört. „Ich feiere doch auch nicht ohne dich meinen Geburtstag. Oder?"

Nun musste Frau Martin wirklich lachen. „Also, ihr seid richtige kleine Spinner!"

Tina ließ sich davon nicht beeindrucken.

„Woher kommen unsere Zwillinge eigentlich?",
fragte sie.

„Vom Weidenhof. Aber ob ihre Pferdemama
noch lebt, das kann ich euch nicht sagen."

Weidenhof? Weidenhof? Tina überlegte kurz.
Ach ja, das war doch der vergammelte Hof weit
außerhalb von Falkenstein. Der Bauer war schon
vor Jahren gestorben, und die Bäuerin lebte
sehr zurückgezogen und war menschenscheu
und ein wenig seltsam geworden.

„Dürfen wir hinreiten, Mutti?", fragte Tina.

Frau Martin erlaubte es ihnen, obwohl sie
sich nicht viel davon versprach. Doch bevor Bibi und Tina losreiten durften, hatten sie
noch einige Arbeiten im Stall und im Garten
zu verrichten. Als schließlich alles erledigt war,
machten sie sich auf den Weg. Ein Wettreiten
war diesmal nicht angesagt, denn zum Weidenhof brauchten sie knapp zwei Stunden, und
sie wollten ihre Pferde nicht überanstrengen.

Der Weidenhof lag einsam inmitten von sanf-
ten Hügeln, und der nächste Hof war einige Kilometer weit weg. Schon aus der Entfernung

fiel den Mädchen auf, wie heruntergekommen der Hof aussah, auf dem die Bäuerin wohnte. Der Holzzaun hing schief oder war umgefallen, im Obst- und Gemüsegarten wucherten Gras und Unkraut, und Wohnhaus und Stall hatten dringende Reparaturen nötig.

Im Schritt näherten sich Amadeus und Sabrina mit ihren Reiterinnen. Plötzlich bellte ein Wachhund und kam mit gefletschten Zähnen auf sie zugerannt.

Tina erschrak, aber Bibi ließ sich nicht einschüchtern.

„Nicht verzagen, Bibi fragen! *Eene meene kunterbunt, still und friedlich ist der Hund! Hex-hex!"*

Augenblicklich hörte der Hund auf zu bellen. Er sprang auf Bibi zu, wedelte mit dem Schwanz und winselte freundlich.

„Hallo! Ist jemand zu Hause?", rief Tina zu dem Wohnhaus hinüber. „Besuch ist da!"

Nichts rührte sich. Der Hund begann wieder zu bellen.

„Such Frauchen!", befahl ihm Bibi, aber er

tollte bloß um die beiden Reiterinnen herum und wollte spielen. Es blieb den Mädchen nichts anderes übrig, als ihre Pferde anzubinden und sich auf die Suche nach der Weidenhofbäuerin zu machen.

Sie gingen auf das Haus zu und klopften kräftig an die schon ein wenig morsche Tür. Als auf ihr Klopfen niemand öffnete, drückte Tina vorsichtig die Türklinke hinunter. Die Tür war nicht abgeschlossen und ging quietschend auf. Bibi und Tina traten ein und blickten sich um. Sie befanden sich in der großen halbdunklen Küche des Hauses.

„Puuuh!", entfuhr es Tina. „Hier sieht's aus wie in einer Hexenküche!"

„Mhmmm!", pflichtete ihr Bibi bei und hob schnuppernd ihre Nase. „Es riecht nur besser. Nach Kräutern."

Tina fand das alles zwar ein bisschen unheimlich, aber dann siegte die Neugier, und sie schlenderte mit Bibi durch den Raum, um sich alles anzusehen. An den verwitterten Balken der rußgeschwärzten Decke über dem alten

Kohleherd hingen dicke Kräuterbündel zum Trocknen. Der große Tisch in der Mitte des Raumes war vollgestellt mit Mörsern, Glasgefäßen und Schalen in verschiedenen Größen. Wo an den Wänden Platz war, hingen Regale, auf denen Flaschen und Einmachgläser standen. In dem alten Herd brannte ein Feuer, und auf der Herdplatte brodelte es in einem großen eisernen Topf.

„Ein gemütliches Plätzchen", stellte Bibi fest. „So ähnlich sieht es auch bei der alten Mania in ihrem Hexenhäuschen im Wald aus."

„Was denn? Denkst du, die Bäuerin ist eine Hexe?", fragte Tina ängstlich.

„Nein, nein. Dann wüsste ich von ihr. Hexen kennen sich untereinander." Bibi machte ein paar Schritte auf den Herd zu und hob neugierig den Topfdeckel. „Mal sehen, was da für Kräuter kochen."

In diesem Augenblick flog knarrend die Tür auf. Vor Schreck rutschte Bibi der Topfdeckel aus der Hand und fiel scheppernd zu Boden.

„Du dummes Ding! Was fällt dir ein?!",

ertönte eine verärgerte Stimme. Bibi und Tina fuhren herum.

„Die Kräuterfrau!", stieß Tina hervor.

Bibi stammelte eine Entschuldigung, doch die Bäuerin schnitt ihr mit einer Handbewegung das Wort ab.

„Mein kostbarer Sud!", jammerte sie. „Ruiniert! Verdorben! Daran bist nur du schuld, du kleiner Nichtsnutz, du!"

„Aber ich habe doch gar nichts gemacht", verteidigte sich Bibi. „Ich habe nur den Deckel hochgehoben."

„Das ist ja das Schlimme!", schimpfte die Frau. „Ach, ich habe geahnt, dass es eine Katastrophe gibt, als ich draußen eure Pferde sah."

„Aber es ist doch gar nichts passiert!" Tina verstand die ganze Aufregung nicht.

„So? Es ist gar nichts passiert? Natürlich ist was passiert. Wegschütten kann ich jetzt alles. Die heilenden Dämpfe sind weg. Verflogen." Die Bäuerin schaute empört zu Bibi und Tina.

„Heilende Dämpfe?" Bibi wurde neugierig. Vielleicht konnte sie hier bei der Bäuerin ja etwas dazulernen?

„Heilende Dämpfe, jawohl. Von Sonnenhut und Warzenkraut. Die wirken aber nur, wenn der Sud vierundzwanzig Stunden lang zugedeckt vor sich hin köchelt."

„Ich kann Ihnen das gern wieder in Ordnung hexen", bot sich Bibi an. „Schließlich habe ich ja …"

„Untersteh dich!"

„Doch! Bibi kann das, Weidenhofbäuerin!", kam Tina ihrer Freundin zu Hilfe.

„Ach ja?" Die Bäuerin lachte höhnisch. „Wenn sie das tut, dann ist sie eine ganz erbärmliche Hexe! In Kräuterkunde ungenügend. Denn Heilkräuter wirken am besten pur, so, wie die Natur sie gemacht hat. Dazu bedarf es keiner Hexkraft."

„Das sagt Mami auch immer", gab Bibi zu.

„Hmpf!", machte die Bäuerin, nun schon eine Spur freundlicher. „Wenigstens eine in eurer Familie scheint etwas zu taugen."

239

„Oh! Mami ist eine ganz tolle Hexe!", lobte Bibi ihre Mutter.

„Dann versuche, ihr nachzueifern. Was wollt ihr Gören überhaupt hier? Wollt ihr mich bis zur Weißglut ärgern?"

Schnell berichteten die beiden von ihrem Plan, den Geburtstag der Ponyzwillinge zu feiern und dass sie auch die Ponymutter einladen wollten. Die Bäuerin musste darüber herzlich lachen, und das Eis war gebrochen.

„Oh, ihr Kindsköpfe, ihr!", sagte sie kichernd. „Na schön, wenn es euch weiterhilft: Die Mutter von euren Ponys heißt Melinda. Aber ich habe sie nicht mehr."

„Können Sie uns sagen, wo wir sie finden?", fragte Tina.

„Natürlich. Ich habe sie dem Grafen verkauft", erklärte die Bäuerin bereitwillig.

„Waaas?", riefen Bibi und Tina gleichzeitig.

„Was gibt's denn da zu staunen? Ich habe kein Pferd mehr gebraucht. Genügt das? Und jetzt lasst mich allein. Ihr wisst ja nun alles, was ihr wissen wolltet."

Die kranke Ponymama

Hocherfreut über diese gute Nachricht beschlossen Bibi und Tina, nicht gleich zurück zum Martinshof zu reiten, sondern einen Umweg über Schloss Falkenstein zu machen. Sie hatten ja jetzt noch einen Grund mehr, den Grafen zum Wettreiten einzuladen: Zuerst der Geburtstag der beiden Ponys, und dann wollten sie ja die Ponystute Melinda aus seinem Stall als Geburtstags-Ehrengast dabeihaben. Bevor sie aber den Grafen persönlich aufsuchten, mussten sie alles erst einmal mit Alexander von Falkenstein besprechen.

Wie vor ihm Frau Martin und die Wiesenhofbäuerin lachte auch Alexander, als er von der bevorstehenden Feier des Pferdegeburtstags

241

hörte, und tippte sich vielsagend an die Stirn. Dann aber versprach er mitzumachen. Schließlich wollte auch er die Revanche gegen seinen Vater und Bibi.

„Was meinst du, kriegst du deinen alten Herrn rum, dass er mit dabei ist?", fragte Bibi.

„Mal sehen." Alexander kniff ein Auge zu. „Da ja ihm jetzt die Ponymutter gehört, könnte es schon sein. Wie heißt denn die Stute?"

„Melinda", sagte Tina.

„Melinda? Ausgerechnet die?"

Alexander wurde plötzlich ernst.

„Ja, ausgerechnet die und keine andere. Wieso? Was ist mit ihr?", wollte Bibi wissen.

„Gerade eben war der Tierarzt bei ihr. Es sieht nicht gut aus für sie."

„Was hat sie denn?", fragte Tina beunruhigt.

„Das weiß er nicht. Irgendeine Vergiftung, sagt der Doktor. Sie hat schwere Koliken. Wir haben sie schon stundenlang herumgeführt, damit sich ihre Krämpfe lösen. Jetzt hat sie ein paar Spritzen bekommen, aber wenn die nicht wirken, muss sie eingeschläfert werden."

„Nein!", riefen die Mädchen. „Das kommt nicht infrage!"

„Robert ist ein guter Arzt, er versteht seinen Job", erwiderte Alexander. „Das Gift ist schon zu lange in ihrem Körper."

„Dann braucht sie eben ein Gegengift!", entschied Bibi.

„Das wissen wir auch." Alexander winkte ab. „Aber bis wir das gefunden haben, ist sie vielleicht nicht mehr am Leben."

„Wisst ihr, wo sie sich vergiftet haben könnte?", bohrte Bibi nach.

„Keine Ahnung", sagte Alexander. „Melinda ist das Kutschpony des Schlosses. Die ist überall unterwegs, vor allem im Dorf, am Bahrhof und was weiß ich, wo noch. Da kann sie irgendwann was Giftiges gefressen oder an einer Zaunlatte geknabbert haben, die mit giftigem Holzschutzmittel getränkt ist. Es gibt viele Möglichkeiten."

„Ich will zu ihr!", verlangte Bibi. „Wo ist Melinda jetzt?"

Alexander ging mit den Mädchen in den

Stall. Vor der dritten Box blieb er stehen. Auf einem sauberen Strohlager lag die Ponystute Melinda. Ihre Flanken zitterten, und ihr pummeliger Körper war schweißnass. Die Augen blickten trübe. Als Melinda die beiden Mädchen sah, schnaubte sie kläglich und stieß ein leises Wiehern aus.

„Sie sieht ja wirklich schlimm aus", sagte Tina leise. „Wenn du doch bloß Krankheiten weghexen könntest, Bibi."

„Ich kann nur die Schmerzen lindern. Und das werd ich tun. Auch wenn Robert motzt, falls er es erfährt. *Eene meene Wunderkerzen, Melinda ist jetzt ohne Schmerzen! Hex-hex!"*

Augenblicklich wurde Melindas Zittern schwächer. Sie schnaubte ein paarmal tief und ließ dann ein freundliches, wenn auch noch sehr schwaches Wiehern ertönen. Tina stieß Bibi glücklich in die Seite. Doch die freudige Stimmung wurde von einer scharfen Stimme unterbrochen.

„Nicht nur Tierarzt Dr. Robert Eichhorn motzt, Bibi Blocksberg! Auch ich verbitte mir das! Ich verbitte mir insbesondere, dass an meinen Pferden herumgehext wird!"

Die Mädchen fuhren herum. Vor ihnen stand Graf Falko von Falkenstein. Er hatte wütend die Arme in die Hüften gestützt und funkelte Bibi durch sein Monokel empört an. Aber Bibi ließ sich nicht einschüchtern.

„Wollen Sie Melinda lieber leiden sehen?! Das kann doch wohl nicht Ihr Ernst sein!"

„Junge Dame, zügle deine Zunge, ja?!", erwiderte der Graf scharf.

„Wenn es um eins von Ihren edlen Araberpferden ginge, dann würden Sie vielleicht ganz anders reden!" Bibis Stimme zitterte vor Wut.

„Genau! Das ist wirklich gemein, was Sie mit Melinda machen!", pflichtete Tina ihrer Freundin bei.

Graf Falko von Falkenstein schnappte nach Luft. Ihm blieben die Worte weg. Wie sprach denn dieses junge Gemüse mit ihm? Hatte man da noch Töne? Aber nicht mit ihm, nicht mit Graf Falko von Falkenstein!

246

„Alexander!", sagte er spitz. „Die Mädchen haben Stallverbot. Begleite sie zum Ausgang."

Dann machte er auf dem Absatz kehrt und verließ wortlos den Stall. Alexander, Bibi und Tina wussten, es hatte jetzt keinen Sinn zu diskutieren. Wenn der Schlossherr sauer war, dann war er sauer.

Die Mädchen verabschiedeten sich von Alexander, stiegen auf ihre Pferde und trabten durch den Schlosshof auf die Landstraße hinaus. Die Enttäuschung über den unerwarteten Rausschmiss war ihnen deutlich anzusehen.

Bei der Kräuterfrau

Zu Hause auf dem Martinshof versorgten sie zuerst die Pferde und eilten dann zu Frau Martin in die Küche. Hier konnten sie Dampf ablassen und schimpfen, schimpfen, schimpfen ...

„Ein verknöchertes, hartherziges Monster ist dieser Graf!" Bibi war stocksauer.

„Genau!" Tina nickte heftig mit dem Kopf. „Der sieht seelenruhig zu, wie die arme Melinda stirbt!"

„Kinder, nun ist es aber genug! Ihr übertreibt!", versuchte Tinas Mutter, die Aufregung zu dämpfen. „Die Leute im Schloss tun bestimmt ihr Möglichstes!"

„Das sagst *du,* Mutti! Warum haben sie dann

nicht rechtzeitig gemerkt, was mit Melinda los ist?", wollte Tina wissen.

„Weil sie bloß ein Kutschpferd und keine edle Zuchtstute ist. Darum!", sagte Bibi verächtlich. „Wenn Cleopatra erkrankt wäre, dann hätte Robert das Schloss gar nicht verlassen dürfen!"

„Du bist ungerecht!" Frau Martin versuchte erneut, zu beschwichtigen. „Wahrscheinlich sah es nur wie eine Verdauungsstörung aus."

„Robert kann aber Melinda nicht einfach einschläfern, bloß weil er nicht rauskriegt, was Melinda gefressen hat!", rief Tina empört.

„Das darfst du so nicht sagen", erwiderte ihre Mutter. „Robert ist ein gewissenhafter, tüchtiger Tierarzt. Aber so traurig es ist: Wenn man einem Tier nicht mehr helfen kann, ist es besser, wenn man es von seinen Qualen erlöst."

Die Mädchen schwiegen. Sie wussten beide nur zu gut, dass Frau Martin recht hatte.

Plötzlich riss Bibi die Augen weit auf. „Hey! Ich habe eine Idee!", rief sie. „Vielleicht kann die Weidenhofbäuerin helfen."

Tina und ihre Mutter blickten Bibi verständnislos an.

„Manche Pferde machen immer die gleichen Dinge, das, was sie eigentlich gar nicht tun dürften", fuhr Bibi fort. „Sie knabbern irgendwo rum, saufen, wo sie nicht saufen sollen ..."

„Genau! Wir fragen die Bäuerin!" Tina war begeistert. „Was meinst du, Mutti?"

Frau Martin schob die Unterlippe vor und überlegte kurz.

„Die Idee ist wirklich nicht schlecht", sagte sie dann. „Tiere haben genauso ihre Gewohnheiten wie die Menschen. Es könnte ja sein, dass die Weidenhofbäuerin sich erinnert, was ihre Melinda so alles getan hat."

„Wir reiten sofort los!" Tina sprang auf.

„Warte, Tina!" Auch Bibi stand auf. „Reiten dauert zu lange, und außerdem sind Amadeus und Sabrina bestimmt müde", sagte sie.

„Wir nehmen Kartoffelbrei. Für den ist es auch höchste Zeit, dass er mal wieder ein bisschen Bewegung kriegt."

Also holte Bibi schnell ihren Wuschel, und mit einem *„Eene meene mei, flieg los, Kartoffelbrei! Hex-hex!"* starteten sie zum Weidenhof. Bibi hatte ihrem Hexenbesen Schnellflug befohlen, und deshalb waren sie in ein paar Minuten am Ziel.

Wie bei ihrem ersten Besuch war die Bäuerin nicht zu sehen. Der große Hund bellte wieder laut und gefährlich, aber als er Bibi und Tina erkannte, kam er schwanzwedelnd auf sie zugelaufen und sprang freudig jaulend an ihnen hoch.

„Bleibt draußen!", ertönte in diesem Augenblick eine Stimme aus dem Inneren des Wohnhauses. „Ich will euch nicht sehen. Ich habe zu tun."

„Es geht um Melinda, Weidenhofbäuerin!", rief Bibi. Sie hatte die Hände zu einem Trichter geformt, damit die Frau im Haus sie besser hören konnte.

Tina tat es ihr nach. „Sie ist krank! Sie stirbt, wenn Sie nicht mit uns reden!"

Ein paar Sekunden lang herrschte Stille, dann öffnete sich langsam die Tür. Die Bäuerin blinzelte, als sie aus ihrer schummrigen Küche hinaus ins Helle trat.

„Was erzählt ihr da?", fragte sie argwöhnisch. Doch als sie die besorgten Gesichter der beiden Mädchen sah, wurde sie freundlicher und ging ein paar Schritte auf sie zu.

„Melinda hat sich vergiftet!", berichtete Bibi aufgeregt. „Aber niemand weiß, womit."

„Und wenn die Spritzen gegen die Koliken nicht wirken, dann ...", Tina war den Tränen nahe, „dann wird sie getötet!"

„Spritzen!", sagte die Bäuerin abfällig. „Immer dieser neumodische Quatsch. Den Herren Doktoren fällt auch nichts Besseres ein. Warum seid ihr nicht gleich zu mir gekommen?"

„Können Sie Melinda mit Kräutern helfen?", fragte Bibi.

„Vielleicht." Die Antwort der Weidenhofbäuerin kam etwas zögernd. „Aber so einfach geht das nicht. Ich muss vor allem wissen, womit sich die Stute vergiftet hat."

„Tja, das wüsste der Tierarzt auch gern", meinte Tina.

„Na gut, wenn es niemand weiß, dann müssen wir es anders machen. Das heißt, Melinda muss sich selbst helfen."

„Wie denn?", wollte Tina wissen. „So wie es die Wildpferde machen?"

„Sehr richtig. Wenn Melinda früher etwas Schlechtes gefressen hat, dann ist sie immer in den Garten getrabt und hat sich dort die Heilkräuter selbst gesucht. Thymian, Basilikum … alles, was gut für den Magen ist."

Die Weidenhofbäuerin seufzte. So viel auf einmal hatte sie schon lange nicht mehr geredet. Oft sprach sie tagelang mit niemandem ein Wort, und jetzt kamen diese beiden Mädchen daher und quetschten sie regelrecht aus.

„Aber wie soll Melinda in Ihren Kräutergarten kommen?", fragte Bibi.

„Ganz einfach. Ihr bringt sie her. Ihr wollt ihr doch helfen, oder nicht?"

Die beiden Mädchen nickten eifrig.

„Dann trödelt nicht lange herum!", sagte die Bäuerin energisch, aber nicht unfreundlich. „Bringt sie her, aber ein bisschen plötzlich!"

„... Melinda ist jetzt winzig klein!"

Als Bibi und Tina wieder mit Kartoffelbrei auf dem Martinshof landeten, hatten sie schon einen raffinierten Plan ausgeheckt, wie sie Melinda aus dem Stall des Schlosses zur Weidenhofbäuerin bringen konnten. Auf alle Fälle sollte Alexander nichts von ihrem Vorhaben erfahren. Tina hatte beschlossen, ihn aus allem herauszuhalten. Außerdem wollten sie das Ganze noch einmal mit Frau Martin besprechen und hören, was die dazu sagte. Sie hatten noch viel Zeit, denn das „Unternehmen Melinda" konnte ja erst starten, wenn es draußen dunkel war. Dann hofften die Mädchen von dem Schlossherrn nicht entdeckt zu werden.

Frau Martin war nicht gerade begeistert, als sie hörte, was die beiden planten.

„Ihr seid euch hoffentlich im Klaren darüber, was das bedeutet: Ihr wollt in den Stall des Grafen eindringen und ein Pferd entführen!"

„Aber Mutti!", sagte Tina beruhigend. „Er bekommt es doch wieder. Vor allem gesund!"

„Ja, das hofft *ihr!*"

„Ich weiß es!", sagte Bibi. „Ich habe ganz tief in meiner Hexenseele ein gutes Gefühl. Bitte, Frau Martin! Erlauben Sie's! Es gibt doch nur noch diese eine Chance für Melinda!"

„Also, ich weiß nicht …" Frau Martin zögerte immer noch. „Mir gefällt das gar nicht, dass ihr da nachts allein herumgeistert."

Die Mädchen warfen sich einen kurzen Blick zu. Hätten sie Tinas Mutter doch lieber nichts gesagt. Aber jetzt war es zu spät, deshalb durften sie nicht aufgeben.

„Wir fliegen auf Kartoffelbrei. Da kann nichts passieren!", machte Bibi einen neuen Versuch.

„Ja, und Melinda wird klein gehext", ergänzte Tina. „Das hat Bibi sich schon genau überlegt."

Frau Martin verdrehte leicht die Augen und stieß einen Seufzer aus.

„Na gut, von mir aus."

Bibi und Tina strahlten um die Wette.

„Danke, Mutti!"

„Sie sind prima, Frau Martin. Danke! Wir erledigen vorher schnell alle Arbeiten, die noch nicht gemacht sind."

Nun, da lag eine ganze Menge an. Die Gästepferde mussten bewegt und geputzt und ihre Boxen gründlich auf Vordermann gebracht werden. Dann sollte das Fallobst aufgesammelt und in die Küche gebracht werden, damit Frau Martin daraus Apfelmus kochen konnte. Das würde es dann morgen zu den Kartoffelpuffern geben. Zum Schluss war noch der Hof zu kehren. Das alles schafften sie tatsächlich bis zum Abendessen und vor Anbruch der Dunkelheit.

Die Nacht war finster und wolkenverhangen, also ideal für den Ausflug zum gräflichen Schloss. Bibi hatte Kartoffelbrei Flüstergang befohlen, und so konnten sie unbemerkt im Schlosshof landen. Leises Schnauben und

Rascheln von Stroh drang aus dem Stall, als sich Bibi und Tina anschlichen.

„Wenn nun aber eine Nachtwache im Stall ist, die auf Melinda aufpassen soll?", flüsterte Tina der Freundin zu.

„Keine Bange, die wird nichts merken", raunte Bibi zurück. *„Eene meene Volleyball, alles schläft da drin im Stall! Hex-hex!* Jetzt komm, die Luft ist rein."

Leise gingen sie zu Melindas Box. Die Stute lag auf der Seite. Sie schlief unruhig und stöhnte leise, denn Bibis Hexspruch gegen die Schmerzen wirkte nicht mehr. Beim Anblick des kranken Pferdes stiegen Tina Tränen in die Augen.

„Wie sie daliegt … So hilflos … Ich weiß nicht, Bibi … Was ist, wenn sie die Kleinhexerei nicht übersteht?"

„Keine Angst", beruhigte Bibi ihre Freundin. „Sie verschläft alles. Mein Hexspruch wird stark genug sein, glaub mir."

„Soll ich sie halten?", bot Tina an.

„Nein, das ist nicht nötig", lehnte Bibi ab.

„Aber still jetzt, ich muss mich konzentrieren. *Eene meene Mondenschein, Melinda ist jetzt winzig klein! Hex-hex!"*

Tina stieß einen leisen Überraschungsschrei aus.

„Och, ist die niedlich! Nicht größer als ein Dackel!"

Sie beugte sich zu Melinda hinunter und hob sie vorsichtig hoch. Bibi war inzwischen zur Stalltür geeilt und sah nach, ob auch niemand kam. Draußen war es noch immer still. Kein Mensch war weit und breit zu sehen, nur im Hauptgebäude des Schlosses brannten einige Lichter.

Bibi setzte sich auf Kartoffelbrei, und Tina nahm hinter ihr Platz. Mit einer Hand klammerte sie sich an den Besenstiel, mit der anderen drückte sie die klein gehexte Melinda an sich.

„Halte sie gut fest", sagte Bibi leise. Dann befahl sie ihrem Besen: „Jetzt nur noch im Flüsterflug, mein Wuschel, klar? Also: *Eene meene mei, flieg los, Kartoffelbrei! Hex-hex!"*

Melinda hilft sich selbst

Die Weidenhofbäuerin erwartete sie schon.
Als hr Wachhund das Geräusch des näher
kommenden Besens vernahm, begann er aufgeregt zu kläffen. Dann aber erkannte er die
beiden Mädchen, und augenblicklich wedelte er
freundlich mit dem Schwanz.

„So! Da sind wir!", rief Bibi stolz, als sie direkt vor den Füßen der Bäuerin landeten.

„Das sehe ich!", kam die barsche Antwort.
„Aber wo ist die Stute? Ist am Ende etwas
schiefgelaufen?"

„Alles in Ordnung", sagte Bibi. „Tina hat sie."

„Ihr wollt mich wohl auf den Arm nehmen?"
Die Bäuerin blinzelte misstrauisch. „Wo soll sie
denn sein?"

Da stieg Tina von Kartoffelbrei und setzte die klein gehexte Ponystute auf den Boden. Die war sehr wackelig auf den Beinen und stieß ein klägliches Wiehern aus.

„Da schlag doch einer lang hin!", rief die Weidenhofbäuerin. „Das winzige Ding da soll meine Melinda sein?"

Ohne eine Antwort zu geben, begann Bibi zu hexen.

„Eene meene feuchtes Moos, Melinda ist jetzt wieder groß! Hex-hex!"

Die Bäuerin war sprachlos, als aus dem Ponywinzling plötzlich eine erwachsene Stute wurde. Dann aber fasste sie sich schnell wieder und schnalzte anerkennend mit der Zunge.

„Das hätte ich nie gedacht, dass Hexen so nützlich sein kann."

Sie trat auf Melinda zu und blickte ihr in die Augen. Melinda schnaubte leise.

„Na, meine Gute, erkennst du mich?", fragte sie. „Ja, ganz recht … das ist dein altes Zuhause."

„Wir müssen sie sofort in den Kräutergarten

führen, Weidenhofbäuerin!", sagte Tina unge-
duldig.

„Immer mit der Ruhe", antwortete die Bäuerin,
ohne den Blick von Melinda zu wenden. Sie tätschelte das Pferd und strich ihm vorsichtig über
den Leib. „Na, was hast du denn angestellt, altes Mädchen, hm? Dein Bauch fühlt sich aber
gar nicht gut an. Ganz heiß und hart ist er."

Tina wollte etwas sagen, aber Bibi hielt ihr
schnell die Hand vor den Mund. Es war besser,
wenn sie jetzt die Weidenhofbäuerin nicht stör-
ten. Die Frau nahm die Stute am Zaumzeug und
führte sie langsam in Richtung Kräutergarten.
Dabei sprach sie halblaut auf das Pferd ein.

„Na, komm ... Komm, du kennst ja den Weg
in den Garten. Komm, meine Alte, hier entlang ..."

Melinda folgte der alten Bäuerin bereitwillig
über den Hof.

Der Mond, der lange von den dunklen Wolken verdeckt gewesen war, stand jetzt groß
und leuchtend am Nachthimmel. Melinda
ging geradewegs zu dem Kräutergarten. Man

merkte ihr an, wie schwer ihr jeder Schritt fiel, aber der Duft der Kräuter war ihr in die Nüstern gestiegen und lockte sie an. Sie schnaubte ein paarmal, senkte dann den Kopf und schnupperte an den Kräutern. Vorsichtig begann sie, ein paar Stängel von einer Pflanze abzureißen.

„Das ist Nelkenwurz", flüsterte die Bäuerin den Mädchen zu. „Sehr gut gegen Darmkrankheiten."

„Jetzt knabbert sie an irgendwelchen rosa Blütenköpfen", sagte Tina. „Was ist das?"

„Tausendgüldenkraut", sagte Bibi schnell. „Den Namen habe ich mir gemerkt, weil er so hübsch ist. Die Blätter helfen bei Magenkrämpfen und entgiften den Körper."

„Respekt!" Die Weidenhofbäuerin kicherte leise. „Ganz so dumm bist du ja doch nicht, kleine Hexe."

Oh! Das war ja ein richtiges Kompliment von der Bäuerin! Bibi wurde ein wenig verlegen und wandte sich schnell der Ponystute zu, die suchend zwischen den Kräuterpflanzen hindurchging und sich ihre eigene Kräutermedizin

zusammenrupfte. Schließlich hatte sie genug. Sie schnaubte kurz, drehte sich um und trabte dann gemächlich auf ihren alten Stall zu. Bibi und Tina strahlten sich an.

„Das gute alte Mädchen", sagte die Weidenhofbäuerin gerührt. „Nun ist sie über den Berg."

„Wirklich?", fragte Tina überrascht. „Woher wissen Sie das?"

„Weil sie zurück zu ihrem alten Stall läuft. Sie kennt sich hier noch gut aus. Dort im Stall will sie ihre Ruhe haben, um gesund zu werden."

„Wir haben es geschafft!" Die beiden Mädchen machten vor Freude einen kleinen Luftsprung. „Danke, Weidenhofbäuerin!"

„Ja, schon gut, schon gut!", wehrte die alte Frau ab. Das war doch selbstverständlich, was sie für Melinda getan hatte. Sie fasste Bibi und Tina bei den Händen und ging mit ihnen der Stute hinterher. „Jetzt könnt ihr auch etwas für sie tun. Ihr müsst nämlich eine Ecke für Melinda frei machen. Der Stall ist mit Gerümpel vollgestopft und schmutzig. Er wurde ja lange nicht mehr gebraucht."

„Bloß eine Ecke?", sagte Bibi in gespielter Empörung. „Melinda braucht was Besseres."

„Und was schlägt das Fräulein Hexe vor?", fragte die Bäuerin amüsiert.

„Einen gefegten Boden und frische Streu und so was alles. *Eene meene Wasserfall, Melinda hat 'nen Superstall! Hex-hex!"*

Im Nu war der Stall picobello sauber und ordentlich hergerichtet. Die Geräte hingen an den dafür vorgesehenen Haken an der Wand, der Boden war von Stroh und Staub gesäubert, und Melindas alte Box war dick mit Streu ausgelegt. Richtig gemütlich sah es plötzlich aus. Das fand auch Melinda. Sie marschierte geradewegs in ihre Box, scharrte mit den Hufen in der Streu und wieherte glücklich.

„Der Hexspruch hält zwar nicht lange", sagte Bibi, „aber bis morgen früh reicht es. Was meinst du, Tina?"

Sie blinzelte ihrer Freundin verschwörerisch zu. Tina blinzelte zurück. Die Weidenhofbäuerin stutzte und runzelte die Stirn. Dann verstand sie, worauf die beiden hinauswollten.

„Nichts da! Nichts!", entgegnete sie. „Hier wird nicht geschlafen. Ihr geht heim ins Bett. Eure Eltern machen sich sonst Sorgen."

„Bestimmt nicht!", meinte Tina. „Meine Mutter weiß, wo wir sind. Die hat nichts dagegen, wenn wir bei Melinda übernachten."

Unerwarteter Besuch

Nach einigem Zögern gab die Bäuerin nach.
Bibi und Tina hatten sich ja eigentlich eine Belohnung verdient, weil sie sich so um Melinda gekümmert hatten. Eine Stallwache war für
das kranke Pferd in dieser Nacht ohnehin nützlich, und sie selbst war froh, einmal nicht allein
auf ihrem Hof zu sein.

Sie lud die Mädchen in ihre große Küche ein
und stellte ihnen etwas zu essen hin. Bibi und
Tina langten noch einmal tüchtig zu, denn wo-
anders schmeckt es ja bekanntlich am besten. Dann gab die Bäuerin ihnen Decken für die
Nacht und eine Taschenlampe mit. Die beiden
Freundinnen machten es sich in einem duftig weichen Heuhaufen neben Melindas Box

gemütlich und schliefen bald tief und traumlos dem neuen Tag entgegen.

Sie wurden jedoch nicht von Vogelgezwitscher und Hundegebell geweckt, sondern von lauten, aufgeregten Stimmen. Eilig wühlten sie sich aus den Decken und sahen nach, was los war.

Graf Falko von Falkenstein stand vor der Haustür und fuchtelte aufgeregt mit den Armen in der Luft herum. Neben ihm stand Frau Martin.

„Hallo! Aufmachen!", schnarrte Graf Falko von Falkenstein wütend. „Ich will sofort mein Pferd zurückhaben!"

„Weidenhofbäuerin! Wo sind die Kinder?", wollte Frau Martin wissen.

Die Bäuerin öffnete die Tür und trat aus dem Haus. „Die Kinder sind hier", sagte sie ruhig. „Drüben im Stall. Sie schlafen."

„Das interessiert mich nicht!", erwiderte Graf Falko von Falkenstein. „Ich will mein Pferd zurückhaben! Das ist Diebstahl!"

Die Weidenhofbäuerin ließ sich nicht im Geringsten beeindrucken.

„Wenn Sie weiter so rumbrüllen, dann verlassen Sie sofort meinen Hof, auch wenn Sie ein echter Graf sind. Oder ich lasse meinen Hund auf Sie los!"

„Unterstehen Sie sich!", rief Graf Falko von Falkenstein empört. „Sie ... Sie ..."

„Ach, seien Sie still! Sie verdienen gar nicht, was die Kinder für Sie getan haben."

Bei dieser Bemerkung wurde Frau Martin hellhörig.

„Hat es geklappt?", fragte sie.

„Ich glaube schon", meinte die Bäuerin.

Graf Falko von Falkenstein ließ seinen Blick von der Bäuerin zu Frau Martin wandern, dann blitzte sein Monokel auf. „Aha!", rief er triumphierend. „Das scheint hier wohl ein Komplott gegen mich zu sein. Man hat sich verbündet. Aber damit kommen die Herrschaften nicht weiter. Ich werde alle hier wegen Entführung und Diebstahl eines Pferdes anzeigen. Jawoll!"

Ein paar Sekunden lang herrschte Stille. Dann legte Frau Martin begütigend ihre Hand auf die Schulter des Grafen und sagte: „Beruhige dich doch, Falko. Die Kinder hatten nur das Beste im Sinn. Es ist doch nichts passiert."

„Ich hatte ihnen streng verboten, dem Tierarzt ins Handwerk zu pfuschen!"

„Das haben sie auch nicht getan", klärte ihn die Bäuerin auf. „Melinda hat sich selbst geholfen."

„Papperlapapp! So ein Unsinn!", herrschte der Graf sie an.

„Ach, halten Sie doch Ihren gräflichen Rand!", gab die Bäuerin zurück. „Bedanken Sie sich lieber. Das Pferd ist gesund."

Den letzten Satz hatten Bibi und Tina noch gehört. Sie traten aus der Stalltür und blinzelten verschlafen in das Sonnenlicht.

„Ist Melinda wirklich gesund?", fragte Bibi die Weidenhofbäuerin. „Woher wissen Sie das?"

„Ich war bei ihr im Stall, als ihr noch geschlafen habt. Sie atmete ruhig, und ihr Bauch fühlte sich gut an. Ja, sie ist wieder gesund."

Da hatten Bibi und Tina nichts Eiligeres zu tun, als zurück in den Stall zu laufen und Melinda zu holen. Melinda war zwar noch etwas wackelig auf den Beinen, aber sie ließ sich gern ins

Freie führen. Als Graf Falko von Falkenstein die Ponystute sah, die vor vierundzwanzig Stunden noch im Sterben zu liegen schien, fiel ihm vor Überraschung der Unterkiefer hinunter. So sah er tatsächlich einen Augenblick lang aus wie Hoheit, der Ziegenbock vom Martinshof.

„Sehen Sie selbst, Herr Graf ... Nicht gestohlen, sondern gesund gepflegt!", sagte die Bäuerin stolz und tätschelte Melindas Flanke. „Na, mein altes Mädchen ... Wir beide wissen, was dir guttut, nicht wahr?"

Langsam fand Graf Falko von Falkenstein seine Worte wieder.

„Das ist doch ... ähömm! ... Das ist ein Wunder. Ja, ein Wunder!"

„Nein, das ist nur praktischer Pferdeverstand", widersprach die Bäuerin, „und Mutter Natur mit ihren Kräutern. Wenn Melinda wieder einmal was Falsches gefressen hat, dann bringen Sie sie am besten gleich zu mir, Herr Graf!"

Alles Gute zum Geburtstag!

Vier Tage später fand dann im Stall des Martinshofs die Geburtstagsfeier für Max und Moritz statt. Graf Falko von Falkenstein kam tatsächlich mit seinem Sohn Alexander zur Party und brachte Melinda mit. Die Weidenhofbäuerin war natürlich auch eingeladen.

Bibi und Tina, die gleich nach dem Frühstück losgeritten waren, hatten für die vierbeinigen Geburtstagskinder frische Wiesenblumen gepflückt und daraus zwei prächtige Kränze geflochten. Diese hängten sie den Ponys um den Hals und brachten ihnen ein Ständchen. Max und Moritz lauschten andächtig und wackelten vor Freude mit den Ohren.

„Zum Geburtstag viel Glück!
Zum Geburtstag viel Glück!
Zum Geburtstag, Max und Moritz,
zum Geburtstag viel Glück!"

Das Ständchen ließen die Ponys gutmütig über sich ergehen, denn die frischen bunten Blumen um ihren Hals interessierten sie viel mehr. Bevor sie aber die Kränze auffressen konnten, führten Bibi und Tina sie hinaus ins Freie. Sie waren schon sehr gespannt, ob Max und Moritz ihre Mutter wiedererkennen würden.

Die Stute marschierte auf ihre Kinder zu und schnaubte freundlich. Max und Moritz erwiderten den Gruß. Dann beschnupperte Melinda die beiden und stupste sie liebevoll mit der Nase an.

„Das ist ein gutes Zeichen. Das machen Pferde nur, wenn sie sich mögen", erklärte Alexander.

„Ist ja auch kein Wunder", meinte die Weidenhofbäuerin lächelnd. „Schließlich sind es ihre Kinder." Sie hielt Max und Moritz zwei

Heubündel, die mit Schleifen zusammen-
gebunden waren, vor die Nase. „Hier, ich
habe euch auch etwas zum Geburtstag mitgebracht. Nein, Melinda!" Sie schob die Stute
mit sanfter Gewalt zur Seite. „Die sind für deine Kinder, du bist noch auf Diät."

„Aber uns hat keiner Diät verordnet", sagte Frau Martin lachend und machte eine einladende Handbewegung. „Wenn mir die Geburts-
tagsgesellschaft jetzt bitte ins Haus folgen
möchte … Die Kaffeetafel ist bereits gedeckt."

Am runden Kaffeetisch bat Graf Falko von Falkenstein ums Wort. Er räusperte sich, schlug mit
seinem Kaffeelöffel gegen die Tasse, und als
alle still waren, hob er zu einer kleinen Rede an.

„Liebe Gäste, nachdem der doppelte Pferdegeburtstag so gut begonnen hat, möchte ich
mich auch mit einem kleinen Geschenk betei-
ligen."

„Was?", platzten Bibi und Tina heraus. „Sie
schenken den Zwillingen auch was?"

„Nein, nicht direkt. Aber ich möchte, dass die
Pferdemutter Melinda ein liebevolles Zuhause

hat. Nachdem ich gesehen habe, wie das Tier den Weidenhof noch als seine Heimat betrachtet, wurde mir klar, dass die Stute dort am besten aufgehoben ist."

„Super!" – „Klasse!" – „Nein, das ist aber nett!" –„Wunderbar!"

„Hmmm ..." Die Weidenhofbäuerin wurde verlegen. „Das ist wirklich sehr nett gemeint, aber leider unmöglich. Wenn ich das Geld für das Futter aufbringen könnte, dann hätte ich Melinda niemals verkauft."

„Ausreichend Futter und Stroh bekommen Sie vom Schloss, gute Frau." Graf Falko von Falkenstein zeigte sich heute großzügig.

„Ja, wenn das so ist", sagte die Weidenhofbäuerin und blickte Graf Falko von Falkenstein gerührt an, „da danke ich auch schön."

„Na, dann ist ja jetzt wohl alles in bester Ordnung", meinte der Graf und schaute zufrieden in die Runde.

„Nee, ist es nicht!", erwiderte Tina schnell. „Sie haben noch was vergessen. Stimmt's, Alex? Stimmt's, Bibi?"

Die beiden nickten eifrig.

„D e Revanche, Hoheit!", sagte Bibi lachend. „Die Revanche, die Sie am nächsten Geburtstag geben wollten. Und das ist doch hier ein Geburtstag, oder?"

Graf Falko von Falkenstein fühlte sich zwar von den Mädchen ein wenig ausgetrickst, aber er war ein Ehrenmann und hielt natürlich sein Wort. Er hatte eine Revanche versprochen, und die Revanche sollte stattfinden.

„Wann hat wieder eins von euren Pferden Geburtstag?", fragte er schmunzelnd. „Sagt es mir bitte, damit ich mir den Tag frei halte und wir wieder ein Wettreiten veranstalten können."

Alle in der Kaffeerunde machten große Augen. So gut gelaunt hatten sie ihn ja schon lange nicht mehr erlebt, den Grafen von Falkenstein. Es schien ihm richtig gutzutun, in dieser fröhlichen Runde zu sitzen.

„Na klar! Gern, Hoheit!", versprach Bibi hocherfreut. „Und wissen Sie was, Herr Graf? Wenn wir alle Pferdegeburtstage auf dem Martinshof

mit einem Wettreiten gefeiert haben, dann ma-
chen wir mit Ihren Pferden im Schloss weiter.
Die feiern doch bestimmt auch gern mal ihren
Geburtstag!"

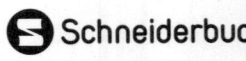

Bibi & Tina

Die Freundinnen Bibi und Tina erleben mit ihren Pferden Sabrina und Amadeus spannende Abenteuer. Dabei halten die beiden immer zusammen, denn sie können sich aufeinander verlassen!

Markus Dittrich &
Vincent Andreas
**Schatten über
dem Martinshof**
ISBN 978-3-505-12739-7

Vincent Andreas
**Die ungarischen
Reiter**
ISBN 978-3-505-12749-6

Stephan Gürtler
Der wilde Hengst
ISBN 978-3-505-12881-3

Stephan Gürtler
**Die geheimnisvolle
Köchin**
ISBN 978-3-505-12974-2

Stephan Gürtler
**Der Tiger von
Rotenbrunn**
ISBN 978-3-505-13175-2

Stephan Gürtler
Indianerpferde in Gefahr
ISBN 978-3-505-13393-0

Stephan Gürtler
Der weiße Mustang
ISBN 978-3-505-13725-9

Bibi & Tina
je ca. 188 Seiten,
gebunden, mit
glänzender
UV-Lackierung

Band 1-2: € 9,95 [D]
Band 3-7: € 9,99 [D]

© 2016 KIDDINX Studios GmbH, Berlin

www.schneiderbuch.de

Schneiderbuch
EGMONT

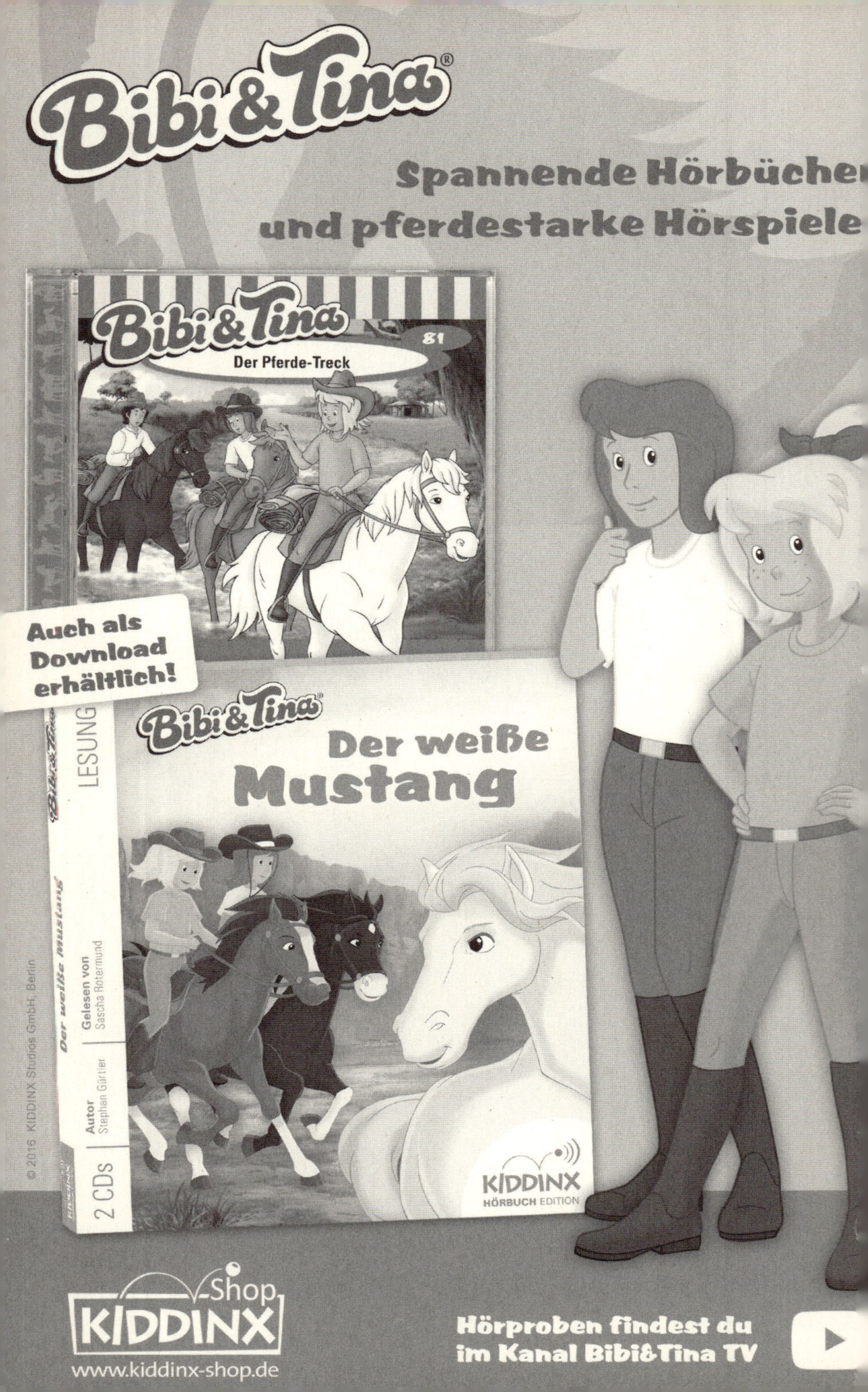
Bibi & Tina
Spannende Hörbücher
und pferdestarke Hörspiele
Bibi & Tina
81
Der Pferde-Treck
Auch als Download erhältlich!
LESUNG
Bibi & Tina
Der weiße Mustang
Der weiße Mustang
© 2016 KIDDINX Studios GmbH, Berlin
Gelesen von Sascha Rotermund
Autor Stephan Gürtler
2 CDs
KIDDINX HÖRBUCH EDITION
KIDDINX Shop
www.kiddinx-shop.de
Hörproben findest du im Kanal Bibi&Tina TV

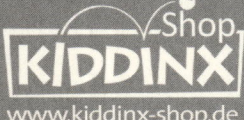